Dutch Oven Rezeptbuch

Das Kochbuch mit den leckersten Rezepten für den Dutch Oven für Indoor und Outdoor

Mario Seewald

Alle Ratschläge in diesem Buch wurden vom Autor und vom Verlag sorgfältig erwogen und geprüft. Eine Garantie kann dennoch nicht übernommen werden. Eine Haftung des Autors beziehungsweise des Verlags für jegliche Personen-, Sach- und Vermögensschäden ist daher ausgeschlossen.

Email: info@edition-lunerion.de
www.edition-lunerion.de

Psiana eCom UG
Berumer Str. 44
26844 Jemgum

Vorwort

Abenddämmerung am See, laue Sommernächte im Garten oder ein Campingtrip in die Wildnis – egal, was Sie draußen erleben, eines fehlt noch für den perfekten wildromantischen Moment: Die passende Mahlzeit. Und die zaubern Sie mit den herrlichen Rezepten in diesem Buch ganz nach Cowboy-Art über offenem Feuer im Dutch Oven. Ob rustikales Frühstück, herzhaftes Hauptgericht oder raffiniertes Dessert, mit den köstlichen Kreationen aus dem Gusseisentopf setzen Sie dem Outdoor-Erlebnis die Genuss-Krone auf! Über Briketts im Garten, beim Zelten oder auch mal einfach auf dem Herd: Der Dutch Oven ist äußerst vielseitig einsetzbar und sorgt mit seinem Lagerfeuer-Flair im Handumdrehen für das ganz besondere Abenteuerfeeling. Auch, wenn mal keine Küche zur Verfügung steht oder Sie das Kochen an der frischen Luft genießen möchten müssen Sie dank des Gusseisentopfes nicht auf herzhaft-köstliche Gerichte verzichten. Dazu überzeugt er durch die Vielfalt an Schlemmereien, die sich in seinem bauchigen Inneren zubereiten lassen. Denn ganz gleich, ob Ihnen der Sinn nach würzigen Eintöpfen und Suppen, deftigen Fisch-, Fleisch- oder Wildgerichten, aromatischem Gemüse, knusprigem Brot oder sündig-süßen Desserts steht, der Dutch Oven zaubert sie in ungeahnter Geschmacksintensität hervor. Dank der leicht zu befolgenden Schritt-für-Schritt-Anleitungen in diesem Buch bleibt das feurige Abenteuer eine sichere Sache und die nützlichen Tipps zu Anschaffung, Pflege und Equipment sorgen für entspanntes Kochvergnügen. Also nichts wie ran an die Briketts und mitten hinein ins Abenteuer!

Guten Appetit!

INHALT

Der Dutch Oven

Das Thema, wie der Dutch Oven erfunden wurde, ist sehr umstritten. Die Worte „Dutch Oven" kommen aus dem Englischen und bedeuten „Holländischer Ofen", weswegen viele Menschen glauben, der Dutch Oven sei auf ein holländisches Verfahren zur Produktion von Gusseisen zurückzuführen. Demnach würde die Bezeichnung des Topfes auf die fliegenden Holländer zurückgehen, die solche Töpfe in Massen an andere Länder und Kontinente verkauften. Die Siedlung dieser Händler nannte man damals „Pennsylvania Dutch". Jedoch ist heute bekannt, dass Pennsylvania weniger von Holländern, sondern eher von Deutschen besiedelt wurde. Der Dutch Oven könnte also auch von Deutschen erfunden worden sein, die zu damaligen Zeiten auch häufig mit Holländern verwechselt wurden.

Wie ist der Dutch Oven aufgebaut?

Der Dutch Oven ist wie ein Kochtopf, den man auch draußen verwenden kann, was vor allem im Sommer oder auch beim Campen von großem Vorteil sein kann. Traditionell erhitzt man diesen mit Kohlen, was auch seine drei Beine erklärt. Durch diese passt er nämlich auf die Briketts. Die Kohlen sind auch der Grund für den dicht schließenden und nach innen gewölbten Deckel mit Rand. Denn oft legt man Kohlen auch auf den Deckel. Somit ist es möglich, den Dutch Oven mit Ober- und Unterhitze zu betreiben, wie in einem Ofen. Zudem bilden die Töpfe mit der Zeit eine Patina, die aus Fett besteht und in das Gusseisen einbrennt. Durch diese bleibt nichts an Ihrem Dutch Oven kleben, sofern man ihn nicht zu lange überheizt.

Warum ein Dutch Oven?

Der Dutch Oven gibt einem eine gewisse Art von Freiheit. Man ist durch diesen nicht an das Zuhause in einem Innenraum gebunden, da man weder einen Herd noch einen Backofen braucht. Man kann ihn draußen verwenden, auf Wunsch aber auch drinnen. Zudem ist der Dutch Oven multifunktionell. Man kann in ihm nicht nur kochen, sondern auch braten sowie backen. Das erkennen Sie vor allem an den vielen verschiedenen Rezepten und Kategorien. Er beinhaltet also alles, was man in der Küche braucht, in einem kleinen, kompakten Schmortopf.

Welcher Dutch Oven ist der beste?

Wirklich konkret ist diese Frage nicht zu beantworten, denn die Antwort ist abhängig von Ihren individuellen Wünschen und Erwartungen an den Dutch Oven. Es gibt passend nämlich auch noch Gusseisen-Sets, die von Töpfen, Pfannen und Deckeln bis zu Untersetzern übergehen. Wenn Sie aber einen einfachen Dutch Oven möchten, sollten Sie es auch bei diesem belassen. Außerdem ist es wichtig, wie Sie den Dutch Oven erhitzen möchten. Wenn Sie dies auf einem Herd tun möchten, sollten Sie einen Dutch Oven ohne Füße verwenden. Möchten Sie aber auch draußen kochen können und mit Briketts arbeiten, sollten Sie sich für die Füße entscheiden. Wenn Sie sich beides wünschen, können Sie einen Dutch Oven ohne Füße zusammen mit einem Gestell besorgen. Auch bei dem Deckel gibt es Wichtiges zu beachten: Wenn Sie diesen als Pfanne verwenden möchten, sollten Sie einen ohne Rand nutzen. Jedoch kann man diesen dann nicht mit Briketts belegen. Zuletzt sollten Sie sich für eine Größe entscheiden. Töpfe mit der Bezeichnung „ft" beschreiben den Durchmesser in Zoll, bei einem „qt" jedoch in Liter. Zu empfehlen ist für den Anfang ein 10-Zoll-Topf, da dieser für 3 bis 6 Personen geeignet ist. Beim Kauf ist es wichtig, darauf zu achten, dass der Topf keine Schäden oder mangelnde Dicke aufweist. Wenn Sie einen Dutch Oven gekauft haben, sollten Sie diesen zunächst mit heißem Wasser abspülen, sofern dieser eingebrannt ist. Ist er das, erkennen Sie das an der schwarzen Patina auf der Oberfläche. Sonst sollten Sie ihn zunächst mit Pflanzenöl bei hohen Temperaturen einbrennen. Sie sollten diesen Vorgang draußen vornehmen, da sich sehr viel Rauch bildet. Reiben Sie den Dutch Oven mit Rapsöl innen und außen ein. Legen Sie den Dutch Oven mit der Öffnung nach unten auf einen Grillrost. Am Anfang sollten Sie mehr Öl nutzen sowie flüssigere Speisen zubereiten, da sich dadurch die Patina verbessert, was das Festkleben oder Anbacken verhindert. Aufbewahren sollten Sie den Dutch Oven in einer Tasche oder Ähnlichem, damit er nicht rostet.

Reinigung und Pflege

Reinigen Sie Ihren Dutch Oven niemals mit Spülmittel. Heißes Wasser sowie eine Spülbürste sind vollkommen ausreichend. Sollte jedoch mal etwas angebrannt sein, nutzen Sie Ringreiniger. Trocknen Sie Ihren Dutch Oven gut, bevor Sie ihn innen und außen mit Pflanzenöl einreiben – Olivenöl ist nicht zu empfehlen.

Notwendiges Zubehör

Einen Deckelheber brauchen Sie auf jeden Fall, damit Sie den Deckel und die Kohlen sicher anheben können. Zudem sind feuerfeste Handschuhe sehr wichtig. Falls Sie keinen Platz für den Dutch Oven haben, der nicht mit Rasen oder Steinen belegt ist, benötigen Sie eine

Platte zum Unterlegen. Solche können zum Beispiel aus Magnesit, Schamott oder Bauxit sein. Zudem ist eine Zange zum Legen der Kohlen sehr hilfreich, ebenso ein Anzündkamin.

Der perfekte Weg, zu heizen

Bei Holz ist zu beachten, dass die Glut vom Holz abhängig ist, weswegen Erfahrung in Bezug auf Hitze und Glutdauer notwendig sein kann. Es ist auch unpraktisch, den Topf direkt in ein Feuer zu stellen, da die Hitze so nicht kontrollierbar ist. Vor allem beim Backen wird es schwierig, da Sie Oberhitze genau wie Unterhitze benötigen. Offenes Feuer ist also eher zum Schmoren oder Garen da. Zu empfehlen sind Briketts. Ihre Glühdauer ist länger als die von Holzkohle und die meisten Rezepte sind auch mit diesen beschrieben. Zudem ist die Größe der Briketts sehr einheitlich. Vor allem Buchenbriketts oder Kokosbriketts haben eine lange Brennzeit von ca. 6 Stunden.

Wieviel Briketts brauche ich?

Laut Faustregel nehmen Sie zum Köcheln 1/3 der Kohlen für den Deckel und 2/3 legen Sie unter den Dutch Oven. Zum Backen gilt es genau andersherum, also 2/3 auf den Deckel und 1/3 unter den Topf. Und zum Schmoren legen Sie die Hälfte auf den Deckel und die andere Hälfte unter den Dutch Oven. Anordnen sollten Sie die Briketts als Faustregel auf dem Deckel kreisförmig und unter dem Dutch Oven wie Felder auf einem Schachbrett. Dadurch verteilt sich die Wärme gleichmäßig.

Dutch Oven	160 °C	175 °C	190 °C	205 °C	220 °C	235 °C
8 Er Topf **oben/unten**	15 10/5	16 11/5	17 11/6	18 12/6	19 13/6	20 14/6
10 Er Topf **oben/unten**	19 13/6	21 14/7	23 16/7	25 17/8	27 18/9	29 19/10
12 Er Topf **oben/unten**	23 16/7	25 17/8	27 18/9	29 19/10	31 21/10	33 22/11
14 Er Topf **oben/unten**	30 20/10	32 21/11	34 22/12	36 24/12	38 15/13	40 26/14
16 Er Topf **oben/unten**	34 22/12	36 24/12	38 25/13	40 27/13	42 28/14	44 30/14

Frühstück

CAMPINGPLATZ-BRÖTCHEN OHNE KNETEN

6 Port.

9 – 24 Std.

Leicht

Zutaten

380 g Mehl Typ 550
2-3 TL Salz
½ TL Instant-Hefe
375 ml warmes Wasser

Nährwerte p. P.

650 kcal
2 g Fett
135 g Kohlenhydrate
19 g Eiweiß

1 Verrühren Sie in einer großen Schüssel Mehl, Salz und Hefe. Geben Sie das Wasser zu den anderen Zutaten. Heben Sie es mit einem Holzlöffel unter, bis ein nasser Teig entsteht. Decken Sie die Schüssel mit Folie ab und lassen Sie den Teig bei Raumtemperatur für 8 bis 24 Stunden ruhen, bis er sich verdoppelt hat.

2 Den Teig auf einer gut bemehlten Arbeitsfläche zu einer Kugel formen und anschließend in 6 Teile aufteilen. Den Teig abdecken und eine halbe Stunde ruhen lassen.

3 Fetten Sie den Dutch Oven ein und heizen Sie ihn auf 230 °C vor. Die Temperatur können Sie mit einem Thermometer überprüfen.

4 Legen Sie den Teig in den Dutch Oven. Auf den Deckel gehören 22 heiße Kohlen und unter den Topf 11. Backen Sie den Teig 30 Minuten bei 230 °C, bis die Brötchen goldbraun sind.

5 Nehmen Sie die Brötchen aus dem Dutch Oven, legen Sie sie auf einen Teller und servieren Sie sie warm.

SELBSTGEMACHTE BAGELS

12 Port.

2 Std.

Mittel

Zutaten

1 TL Trockenhefe
300 ml warme Milch,
1,5 % Fett
110 g Butter, weich
2 EL Zucker
1 TL Salz
1 Eigelb
530 g Mehl Typ 550
Sesam- oder Mohnsamen, optional

Nährwerte p. P.

237 kcal
9 g Fett
33 g Kohlenhydrate
5 g Eiweiß

1 Lösen Sie die Hefe in einer großen Schüssel mit Milch auf. Fügen Sie Mehl, Butter, Zucker, Salz und Eigelb hinzu, bis ein weicher Teig entsteht. Wenden Sie den Teig auf einer bemehlten Oberfläche und kneten Sie ihn 6-9 Minuten. Geben Sie den Teig in eine eingefettete Schüssel und drehen Sie ihn einmal, um die Oberseite ebenfalls einzufetten. Lassen Sie ihn ungefähr 1 Stunde zugedeckt bei Zimmertemperatur gehen, bis er sich verdoppelt hat.

2 Kneten Sie den Teig erneut durch und formen Sie daraus 12 Kugeln. Machen Sie mit Ihrem Daumen jeweils ein Loch in die Mitte. Dehnen Sie jede Kugel und formen Sie sie zu einem gleichmäßigen Ring. Legen Sie den Teig auf eine bemehlte Fläche, decken Sie ihn ab und lassen Sie ihn 10 Minuten ruhen.

3 Füllen Sie den Dutch Oven zu zwei Dritteln mit Wasser und bringen Sie es zum Kochen. Geben Sie jeweils 2 Bagels in das kochende Wasser. Kochen Sie diese 45 Sekunden, wenden Sie sie und kochen Sie sie weitere 45 Sekunden. Entnehmen Sie die Bagels mit Hilfe einer Schöpfkelle und lassen Sie sie auf Küchenpapier abtropfen.

4 Bestreuen Sie die Bagels nach Belieben mit Sesam oder Mohn. Legen Sie die Bagels mit ausreichend Abstand zueinander auf Backbleche, backen Sie sie bei 205 °C für 20-25 Minuten und lassen Sie sie abkühlen.

DUTCH BABY

4 Port.

40 Min.

Leicht

Zutaten

3 Eier
120 ml Milch
70 g Mehl
1 EL Zucker
1 Prise Zimt
4 EL Butter

Nährwerte p. P.

253 kcal
13 g Fett
26 g Kohlenhydrate
7 g Eiweiß

1 Heizen Sie den Dutch Oven auf 220 °C vor. Vermischen Sie Eier, Milch, Mehl, Zucker und Zimt in einer großen Schüssel. Rühren Sie den Teig glatt. Geben Sie die Butter in den Dutch Oven.

2 Geben Sie den Teig hinein, sobald die Butter geschmolzen ist. Legen Sie den Deckel auf, darauf kommen 21 heiße Kohlen und unter den Topf 10. Backen Sie den Teig für 20 Minuten bei 220 °C, bis der Pfannkuchen goldbraun ist.

3 Nehmen Sie den Pfannkuchen aus dem Dutch Oven und schneiden Sie ihn nach Belieben in Stücke. Servieren Sie ihn mit Sirup, Konfitüre oder Puderzucker.

SELBSTGEMACHTER JOGHURT

2 Liter

1 Tag

Leicht

Zutaten

2 L Milch
2 EL Naturjoghurt mit lebenden Kulturen

Nährwerte pro 230 ml

151 kcal
8 g Fett
12 g Kohlenhydrate
8 g Eiweiß

1 Erhitzen Sie die Milch im Dutch Oven bei mittlerer Hitze, bis ein Thermometer 100 °C anzeigt. Rühren Sie die Milch gelegentlich um. Vom Herd nehmen und stehen lassen, bis die Milch auf 45 °C abgekühlt ist. Gelegentlich umrühren.

2 Die warme Milch mit Joghurt glattrühren und alles wieder in den Dutch Oven geben, vorsichtig umrühren. Füllen Sie den Joghurt in warme Gläser.

3 Schließen Sie die Gläser und stellen Sie sie in den Dutch Oven. Halten Sie eine Temperatur von etwa 40 °C und lassen Sie die Gläser 6-24 Stunden im Dutch Oven stehen, bis der Joghurt fest ist. Drehen Sie die Gläser um, um dies zu testen. Stellen Sie die Gläser kalt. Der Joghurt ist zwei Wochen haltbar.

DUTCH OVEN FRENCH TOAST

4 Port.

35 Min.

Leicht

Zutaten

8 Scheiben Weißbrot
230 ml Milch
3 Eier
50 g Zucker
2 EL Zimt
1 EL Vanilleextrakt
¼ TL Salz
100 g Blaubeeren

Nährwerte p. P.

365 kcal
7 g Fett
63 g Kohlenhydrate
13 g Eiweiß

1 Erhitzen Sie reichlich Kohle und schneiden Sie ein rundes Stück Backpapier aus. Legen Sie es in den Dutch Oven. Halbieren Sie das Weißbrot und legen Sie es auf das Backpapier.

2 Vermischen Sie die Eier in einer großen Schüssel. Geben Sie Salz, Zucker, Zimt sowie Vanilleextrakt hinzu und rühren Sie anschließend die Milch unter. Träufeln Sie die Mischung langsam über das Brot, bis sie gleichmäßig verteilt ist. Streuen Sie die Blaubeeren vorsichtig darüber.

3 Legen Sie den Deckel auf den Dutch Oven, stellen Sie ihn auf 6 gleichmäßig verteilte Briketts und legen Sie 14 Briketts auf den Deckel. Backen Sie alles für etwa 30 Minuten und servieren Sie es anschließend mit Butter und Ahornsirup.

FRÜHSTÜCKS-OMELETT

3 Port.

12 Std.
25 Min.

Leicht

Zutaten

6 verquirlte Eier
20 g Semmelbrösel
450 g Wurst Ihrer Wahl
470 ml Milch
120 g Cheddar

Nährwerte p. P.

848 kcal
69 g Fett
15 g Kohlenhydrate
43 g Eiweiß

1 Mischen Sie Eier, Semmelbrösel, Wurst, Milch und Cheddar in einer Schüssel und kühlen Sie diese über Nacht.

2 Erhitzen Sie Ihren Dutch Oven am Tag darauf mit 10-12 Kohlen am Boden und 14 -16 Kohlen auf der Oberseite. Geben Sie die vorbereiteten Zutaten des Vortages in den Dutch Oven. Nach 15 Minuten sollte das Omelett fertig sein. Stechen Sie mit einer Gabel hinein, um sicherzustellen, dass alles durchgegart ist. Sofort servieren.

HUEVOS RANCHEROS

4 Port.

48 Min.

Mittel

Zutaten

60 ml Öl
2 Zwiebeln, gehackt
2 gehackte Knoblauchzehen
4 Paprika, gehackt
2 TL Kreuzkümmel
360 g gehackte Tomaten
1 TL schwarzer Pfeffer, gemahlen
1 TL getrockneter Oregano
1 TL Salz
120 ml Wasser
4 Eier
Geriebener Käse, optional

Nährwerte p. P. (ohne Käse)

316 kcal
21 g Fett
20 g Kohlenhydrate
9 g Eiweiß

1 Heizen Sie den Dutch Oven auf heißen Kohlen vor. Geben Sie das Öl hinein und braten Sie die Zwiebeln etwa 5 Minuten an. Fügen Sie den Knoblauch und die Paprika hinzu und braten Sie diese, bis sie weich sind. Mischen Sie Kreuzkümmel unter.

2 Fügen Sie die gehackten Tomaten zusammen mit allen anderen Zutaten, bis auf die Eier, das Wasser und den Käse, hinzu und vermengen Sie diese. Fügen Sie das Wasser hinzu und kochen Sie die Salsa, bis sie angedickt ist.

3 Machen Sie jeweils 4 Vertiefungen in die Salsa und fügen Sie jeweils ein Ei in jede. Bestreuen Sie alles mit geriebenem Käse. Legen Sie den Deckel auf den Dutch Oven und kochen Sie alles so lange, bis die Eier die von Ihnen gewünschte Konsistenz erreichen.

Brote

JALAPEÑO-CHEDDAR-BROT

8 Port. | 3 Std. | Schwer

Zutaten

445 g Mehl Typ 550
250 g Cheddar, gerieben
2 Jalapeños, entkernt und gehackt
1 Jalapeño, in Ringe geschnitten
1 EL Salz
480 ml warmes Wasser
1¼ TL Instant-Hefe
1 EL Olivenöl

Nährwerte p. P.

328 kcal
12 g Fett
40 g Kohlenhydrate
13 g Eiweiß

1 Vermischen Sie in einer großen Schüssel das Mehl, 200 g Cheddar, die gehackten Jalapeños und das Salz. Mischen Sie in einer separaten Schüssel das warme Wasser und die Hefe. Geben Sie die Mehlmischung in das Wasser und rühren Sie, bis sich ein Teig ergibt.

2 Falten Sie den Teig mit einem Spatel vom Rand zur Mitte hin, wobei Sie die Schüssel jedes Mal drehen und den Teig 8-mal falten sollten. Decken Sie ihn mit einem Küchentuch ab und lassen Sie ihn bei Zimmertemperatur ruhen, bis er sich fast verdoppelt hat. Das dauert ca. 60 Minuten.

3 Falten Sie den Teig erneut 8-mal zur Mitte, decken Sie ihn mit einem Tuch ab und lassen Sie ihn 30 Minuten ruhen. Heizen Sie den Dutch Oven mit Kohlen vor, bis ein Thermometer 230 °C anzeigt.

4 Bemehlen Sie Ihre Hände und eine saubere Arbeitsfläche. Nehmen Sie den Teig vorsichtig aus der Schüssel und legen Sie ihn auf die bemehlte Fläche. Drehen Sie den Teig um und entfernen Sie das überschüssige Mehl. Falten Sie die Teigecken 8-mal zur Mitte, drehen Sie den Teig um und legen Sie ihn auf ein Backpapier.

5 Bestreichen Sie die Oberseite des Teigs mit Olivenöl. Streuen Sie den restlichen Käse über das Brot. Ritzen Sie mit einem scharfen Messer ein Kreuzen in das Brot. Geben Sie die Jalapeño-Ringe auf den Käse. Nehmen Sie den Dutch Oven von den Kohlen und heben Sie mithilfe des Backpapiers das Brot hinein. Legen Sie den Deckel auf, geben Sie den Topf auf die Kohlen und backen Sie das Brot 30 Minuten. Nehmen Sie den Deckel ab und backen Sie das Brot weitere 20 Minuten, bis es goldbraun ist.

6 Legen Sie das Brot vorsichtig auf einen Teller und entfernen Sie das Backpapier. Lassen Sie das Brot 1 Stunde abkühlen. Schneiden Sie das Brot in Scheiben und servieren Sie es.

DUTCH OVEN-BROT

8 Port.

5,5 Std.

Schwer

Zutaten

480 ml lauwarmes Wasser
1 Beutel Instant-Hefe
500 g Mehl Typ 550
1½ TL Salz
1 TL Olivenöl

Nährwerte p. P.

262 kcal
1 g Fett
53 g Kohlenhydrate
7 g Eiweiß

1 Lösen Sie die Hefe in dem lauwarmen Wasser auf. Vermischen Sie in einer großen Schüssel Mehl und Salz. Bilden Sie nach dem Einarbeiten eine kleine Mulde in der Mitte und füllen Sie hier die Wasser-Hefe-Mischung ein.

2 Befeuchten Sie Ihre Hände. Kneten Sie den Teig, bis Wasser und Mehl sich verbinden, damit der Teig sich von den Seiten der Schüssel löst. Ist der Teig zu klebrig, fügen Sie in kleinen Schritten mehr Mehl hinzu. Ist der Teig zu trocken, geben Sie mehr Wasser hinzu. Decken Sie den Teig ab und lassen Sie ihn 1,5 – 2 Stunden gehen, bis er sich verdoppelt hat.

3 Decken Sie den Teig ab und machen Sie mit den Fingern kleine Mulden. Wenn der Teig richtig aufgegangen ist, sollte er sich unter dem Druck Ihres Fingers eindrücken lassen und langsam zusammenfallen. Lösen Sie den Teig von den Seiten der Schüssel und falten Sie den Rand zur Schüsselmitte. Drehen Sie die Schüssel um 90 Grad und wiederholen Sie den Vorgang, bis der gesamte Teig zur Mitte gefaltet wurde. Decken Sie den Teig ab und lassen Sie ihn 1,5 - 2 Stunden gehen, bis er sich verdoppelt hat.

4 Geben Sie den Teig auf eine bemehlte Fläche und streuen Sie etwas mehr Mehl über den Teig. Formen Sie ihn zu einem Laib, indem Sie ihn mehrmals zu einer Kugel formen. So schließen sich die Teignähte. Geben Sie den Teig mit der Naht nach unten in eine Schüssel, die mit Olivenöl und Mehl bestrichen wurde. Decken Sie die Schüssel ab und lassen Sie den Teig 1 Stunde gehen.

5 Erhitzen Sie Ihren Dutch Oven mithilfe von Kohlen, bis ein Thermometer 230 °C anzeigt, was ca. 45 Minuten bis 60 Minuten dauern kann. Nehmen Sie den Topf vorsichtig heraus und stellen Sie ihn auf eine hitzebeständige Oberfläche. Wenden Sie den aufgegangenen Teig auf einer leicht bemehlten Fläche und geben Sie ihn in den Topf. Legen Sie den Deckel auf diesen. Backen Sie das Brot für 30 Minuten, bevor Sie den Deckel abnehmen und den Teig weitere 15 Minuten backen. Nehmen Sie das Brot aus dem Topf, decken Sie es ab und lassen Sie es 10 Minuten abkühlen. Schneiden Sie das Brot nach Belieben und servieren Sie es.

MARMOR-ZUCCHINI-BROT

10 Port.

2,5 Std.

Mittel

Zutaten

2 mittelgroße Zucchini
220 g brauner Zucker
100 g Kristallzucker
4 große Eier
240 ml Rapsöl
1 EL Apfelessig
2 TL Vanilleextrakt
310 g Mehl Typ 550
60 g Kakaopulver
2 TL Backpulver
1 TL Salz
85 g Halbbitterschokoladenstückchen
1 TL gemahlener Zimt
Butter

Nährwerte p. P.

479 kcal
27 g Fett
51 g Kohlenhydrate
8 g Eiweiß

1 Heizen Sie den Dutch Oven mit Kohlen auf 180 °C vor, was Sie durch ein Thermometer erkennen können. Schneiden Sie die Enden der Zucchini ab. Raspeln Sie die Zucchini. Verquirlen Sie in einer großen Schüssel den braunen Zucker, den Kristallzucker, die Eier, das Rapsöl, den Apfelessig und das Vanilleextrakt. Heben Sie die zerkleinerte Zucchini unter.

2 Geben Sie die Hälfte der Mischung in eine mittelgroße Schüssel. Verrühren Sie in einer mittelgroßen Schüssel 125 g Mehl, Kakaopulver, 1 TL Backpulver und 0,5 TL Salz. Geben Sie dies in die erste Zucchinimischung und vermischen Sie alles. Heben Sie die Schokoladenstückchen unter.

3 Verrühren Sie in einer neuen mittelgroßen Schüssel das restliche Mehl, 1 TL Backpulver, 0,5 TL Salz und den Zimt. Geben Sie diese Zutaten in die andere Hälfte des Zucchini-Teigs und mischen Sie alles.

4 Fetten Sie eine gusseiserne Kastenform oder den Dutch Oven mit etwas Butter ein und schöpfen Sie die Teige abwechselnd hinein, damit es einen Marmor ähnlichen Kuchen ergibt. Backen Sie das Brot im Dutch Oven, was ca. 70 - 80 Minuten dauern sollte, und machen Sie zwischendurch die Garprobe mit einem Stäbchen.

5 Lassen Sie das Brot 15 Minuten abkühlen, bevor Sie es auf einen Teller geben und nochmals 30 Minuten abkühlen lassen. Schneiden und servieren Sie es.

DINKELVOLLKORNBROT

1 Laib

2 Std.
10 Min.

Leicht

Zutaten

800 ml lauwarmes Wasser
1 kg Dinkelvollkornmehl
3 TL Salz
1 gehäufter TL Rohrzucker
1 Packung Trockenhefe
1 EL Rapsöl
Optional gehackte Oliven und/oder getrocknete Tomaten

Nährwerte pro Laib

3593 kcal
42 g Fett
631 g Kohlenhydrate
127 g Eiweiß

1 Reiben Sie Ihren Dutch Oven von innen mit dem Rapsöl ein und verschließen Sie den Deckel. Heizen Sie den Dutch Oven mit Kohlen unterhalb des Topfes vor, bis ein Thermometer 250 °C anzeigt.

2 Vermischen Sie in einer Schüssel das Mehl mit Salz, Zucker und Trockenhefe, bevor Sie das Wasser hinzufügen. Kneten Sie den Teig durch und fügen Sie die optionalen Zutaten gegebenenfalls hinzu. Decken Sie den Teig mit einem feuchten Tuch ab und lassen Sie ihn bei Zimmertemperatur 30 Minuten ruhen.

3 Geben Sie den Teig in gusseiserne Kastenform oder direkt in den Dutch Oven, er müsste diesen über die Hälfte ausfüllen. Legen Sie den Deckel auf den Dutch Oven und geben Sie ihn auf die Kohlen, um das Brot eine Stunde zu backen. Empfehlenswert sind 11 Briketts unter dem Topf und 22 auf dem Deckel.

4 Überprüfen Sie mit einem Holzstäbchen, ob das Brot fertig ist. Wenn ja, nehmen Sie es aus dem Dutch Oven und lassen es mindestens 30 Minuten auskühlen, bevor Sie es schneiden und servieren.

ZWIEBEL-SCHINKENSPECK-BROT

4 Port.

2 Std.
20 Min.

Mittel

Zutaten

370 ml lauwarmes Wasser
150 g Schinkenspeck
½ Bund Thymian
2 Zwiebeln
2 EL Zucker
1½ Packungen Trockenhefe
500 g Weizenmehl Typ 550
200 g Roggenmehl
1 EL Salz
3 EL Schmand

Nährwerte p. P.

677 kcal
6 g Fett
135 g Kohlenhydrate
24 g Eiweiß

1 Schälen Sie die Zwiebeln und würfeln Sie diese fein. Waschen Sie den Thymian und ziehen Sie die Blätter vorsichtig ab. Zerlassen Sie den Speck in einer beschichteten Pfanne bei mittlerer Hitze ohne Zugabe von Fett, bevor Sie die Zwiebeln hinzufügen und anschwitzen.

2 Lösen Sie die Hefe und den Zucker im Wasser unter Rühren auf und lassen Sie das Ganze 5 Minuten ruhen. Sieben Sie das Mehl in eine Schüssel, danach gießen Sie die Hefe hinzu. Mischen Sie alles mit Schmand, Salz, Speck und Zwiebeln und verkneten Sie das Ganze zu einem glatten Teig. Ist er zu klebrig, ergänzen Sie Mehl.

3 Lassen Sie den Teig mit einem feuchten Tuch abgedeckt 60 Minuten bei Zimmertemperatur ruhen.

4 Geben Sie den Teig auf eine bemehlte Arbeitsfläche und kneten Sie ihn erneut. Legen Sie den Dutch Oven mit Backpapier aus. Formen Sie den Teig zu einer Kugel, bevor Sie ihn in den Dutch Oven geben und leicht mit Mehl bestäuben, um ihn dort weitere 30 Minuten gehen zu lassen.

5 Erhitzen Sie die Briketts. Unter den Dutch Oven kommen 8, auf den Deckel 22. Backen Sie nun im Dutch Oven das Brot für 40-45 Minuten mit Deckel, anschließend für 10-15 Minuten ohne Deckel.

6 Nehmen Sie das Brot aus dem Dutch Oven und lassen Sie es auf einem Gitter auskühlen, bevor Sie es anschneiden und servieren.

EIWEIẞBROT

4 Port.

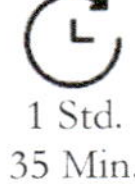
1 Std.
35 Min.

Leicht

Zutaten

6 Eiweiß
300 g Magerquark
1 Packung Backpulver
2 EL Dinkelmehl
25 g Chiasamen
75 g Leinsamen
75 g Sonnenblumenkerne
75 g Haferflocken
1 TL Salz

Nährwerte p. P.

517 kcal
20 g Fett
47 g Kohlenhydrate
31 Eiweiß

1 Vermischen Sie das Eiweiß in einer Schüssel mit dem Magerquark. Die anderen Zutaten kommen in eine separate Schüssel und werden ebenfalls gut vermischt.Geben Sie den Eiweiß-Quark zu den restlichen Zutaten und kneten Sie alles zu einem Teig.

2 Legen Sie in Ihren Dutch Oven oder in eine gusseiserne Kastenform Backpapier und geben Sie den Teig hinein. Unter den Topf kommen 11 und auf den Deckel 22 Briketts. Das Thermometer sollte ca. 180 °C anzeigen. Backen Sie das Brot für 50 - 60 Minuten. Überprüfen Sie mit einem Stäbchen, ob das Brot fertig ist.

3 Nehmen Sie das Brot aus dem Dutch Oven und lassen Sie es vollständig abkühlen, bevor Sie es nach Belieben schneiden und servieren.

Suppen und Eintöpfe

HÜHNERSUPPE MIT DREI BOHNENARTEN

 6 Port.  45 Min.  Leicht

Zutaten

1 mittelgroße Zwiebel
3 Mini-Paprikaschoten
1 EL Butter
140 g Hähnchenbrustfilet
950 ml Hühnerbrühe
425 g schwarze Bohnen (Dose)
425 g Chilibohnen (Dose)
425 g weiße Bohnen (Dose)
425 g geröstete Tomaten
425 g Mais (Dose)
1 TL Kreuzkümmel
1 TL Kurkuma
½ TL Knoblauchpulver
Pfeffer und Salz nach Belieben
8 g frischer Koriander
Optional Sauerrahm, Käse und Tortilla-Chips zum Garnieren

Nährwerte p. P.

634 kcal
6 g Fett
103 g Kohlenhydrate
29 g Eiweiß

1 Kohlen erhitzen, um bei mittlerer Hitze anbraten zu können. Würfeln Sie Zwiebel und Paprika. Beides zusammen mit der Butter im Dutch Oven anbraten.

2 Fügen Sie die Hähnchenbrust hinzu und rühren Sie alles, bis das Fleisch leicht gebräunt ist. Geben Sie die Hühnerbrühe hinzu und kochen Sie die Suppe auf. Geben Sie die Bohnen mit dem Saft zusammen mit den Tomaten und dem Mais in die Suppe. Rühren Sie alles gut um. Würzen Sie die Suppe mit Kreuzkümmel, Kurkuma, Knoblauchpulver, Salz und Pfeffer.

3 Geben Sie den Koriander gehackt hinzu und vermischen Sie alles. Kochen Sie die Suppe 15 Minuten bei mittlerer Hitze. Servieren Sie die Suppe in Schüsseln und garnieren Sie diese gegebenenfalls mit den optionalen Zutaten.

RINDER-EINTOPF

8 Port.

3 Std.
10 Min.

Mittel

Zutaten

360 g Rinderbraten
30 g Mehl
½ TL schwarzer Pfeffer
2 TL Salz
1 EL Speiseöl
3 Karotten, in Scheiben geschnitten
2 große Kartoffeln, gewürfelt
1 mittelgroße Zwiebel, gewürfelt
4 Knoblauchzehen, gehackt
450 g Pilze, in Scheiben geschnitten
470 ml Rotwein
470 ml Rinderbrühe
1 EL Sojasoße
2 Lorbeerblätter
1 EL Tomatenmark
1 TL Zucker
Petersilie

Nährwerte p. P.

430 kcal
22 g Fett
12 g Kohlenhydrate
37 g Eiweiß

1 Erhitzen Sie den Dutch Oven mit 11 Kohlen unterhalb des Topfes, bis ein Thermometer 160 °C anzeigt. Würfeln Sie den Rinderbraten und bestreuen Sie ihn mit Salz und Pfeffer. Bestäuben Sie ihn mit Mehl.

2 Erhitzen Sie das Öl im Dutch Oven und fügen Sie ein Drittel des Rindfleisches hinzu. Braten Sie es von allen Seiten 3 – 5 Minuten an. Nehmen Sie es heraus und legen Sie es beiseite. Fahren Sie so mit den restlichen zwei Dritteln fort.

3 Geben Sie die Zwiebelwürfel und den Knoblauch in den Dutch Oven und braten Sie beides 2 Minuten an, bis alles leicht braun ist. Fügen Sie die Pilze und Petersilie hinzu und kochen Sie diese ca. 5 Minuten.

4 Geben Sie den Rotwein hinzu und lassen Sie alles 2 Minuten kochen. Fügen Sie das Rindfleisch, die Brühe, die Lorbeerblätter, die Sojasoße, den Zucker und das Tomatenmark hinzu. Bringen Sie alles zum Köcheln und rühren Sie alles gut um. Kochen Sie alles ohne Deckel für 90 Minuten. Rühren Sie die Kartoffeln und Möhren unter und kochen Sie das Ganze für weitere 60 - 90 Minuten, bis diese weich sind. Servieren Sie die Suppe in Schüsseln.

LASAGNE-SUPPE

10 Port.

1 Std.
5 Min.

Mittel

Zutaten

670 g Salsiccia (italienische Wurst)
2 mittelgroße Zwiebeln, gewürfelt
6 Knoblauchzehen
1 TL getrocknete italienische Kräuter
175 g Tomatenmark
820 g gewürfelte Tomaten
1,4 L Hühnerbrühe
220 g Pasta
Salz und Pfeffer

Nährwerte p. P.

403 kcal
24 g Fett
30 g Kohlenhydrate
18 g Eiweiß

1 Heizen Sie den Dutch Oven auf 11 Briketts vor. Fügen Sie die Wurst hinzu und kochen Sie diese 5 Minuten, während Sie sie beim Kochen zerkleinern.

2 Schütten Sie alles bis auf 1 EL Fett von der Wurst weg und geben Sie die Wurst wieder in den Dutch Oven. Fügen Sie die Zwiebeln hinzu und kochen Sie alles weitere 5 Minuten.

3 Rühren Sie den Knoblauch und die italienischen Kräuter unter. Kochen Sie alles 1 Minute. Geben Sie das Tomatenmark hinzu und rühren Sie es ein. Lassen Sie alles 3 Minuten kochen. Fügen Sie die Tomatenwürfel und die Hühnerbrühe hinzu und rühren Sie alles gut um. Bringen Sie die Suppe zum Kochen.

4 Decken Sie die Suppe ab und lassen Sie sie 25 Minuten köcheln. Geben Sie die Nudeln hinzu und kochen Sie sie al dente. Schmecken Sie die Suppe mit Salz und Pfeffer ab und servieren Sie sie in tiefen Tellern.

RINDFLEISCH-SUPPE MIT WILDREIS

4 Port.

1 Std.
15 Min.

Leicht

Zutaten

2 EL Butter
1 Zwiebel, fein gehackt
2 Karotten, gewürfelt
2 Stangen Sellerie, in Scheiben
2 Knoblauchzehen, zerdrückt
280 g Champignons, in Scheiben geschnitten
750 g Rindfleisch, in mundgerechten Stücken
1,2 L Rinderfond
1 EL Tomatenketchup
1 TL Worcestershire-Sauce
210 g Wildreis
115 g Sahne
1 EL Petersilie, gehackt

Nährwerte p. P.

595 kcal
24 g Fett
45 g Kohlenhydrate
54 g Eiweiß

1 Erhitzen Sie Ihren Dutch Oven mit 11 Briketts. Braten Sie in der Butter Sellerie, Zwiebel und Karotten 10 Minuten an, bis sie weich sind.

2 Geben Sie die Champignons hinzu und braten Sie alles weitere 5 Minuten an. Rühren Sie zwischendurch alles um. Rühren Sie den Knoblauch unter und geben Sie das Rindfleisch hinzu. Rühren Sie vorsichtig um. Fügen Sie den Rinderfond, den Tomatenketchup und die Worcestershire-Sauce hinzu. Erneut umrühren.

3 Waschen Sie den Wildreis gründlich ab, bevor Sie ihn ebenfalls in die Suppe geben. Die Suppe sollte inzwischen köcheln. Legen Sie den Deckel auf und lassen Sie alles unter gelegentlichem Rühren 40 Minuten köcheln. Dann sollte der Reis gar sein.

4 Rühren Sie die Sahne unter. Soll die Suppe etwas dünner sein, fügen Sie auch hier etwas Brühe hinzu. Servieren Sie die Suppe mit der Petersilie garniert.

PIKANTES GARNELEN-PHO

4 Port.

30 Min.

Leicht

Zutaten

115 g Glasnudeln
1 EL Sesamöl (zum Braten)
2 gehackte Knoblauchzehen
1 EL gehackte Jalapeño
2 EL Frühlingszwiebeln, in Scheiben geschnitten
1,4 L Hühnerbrühe
1 TL Fischsauce
1 TL Sesamöl
110 g Champignons
1 Dose Bambussprossen
1/8 TL Pfeffer
Etwas gehackten Ingwer
1 EL Limettensaft
1 EL Koriander
Sriracha Soße (scharfe Gewürz Soße)

Nährwerte p. P.

291 kcal
8 g Fett
28 g Kohlenhydrate
30 g Eiweiß

1 Kochen Sie Wasser und geben Sie es über die Glasnudeln. Geben Sie in der Zwischenzeit Öl in den Dutch Oven und erhitzen Sie diesen mit 11 Briketts.

2 Fügen Sie Knoblauch, Jalapeños und Frühlingszwiebeln hinzu. Braten Sie diese 1-2 Minuten an. Gießen Sie die Hühnerbrühe, die Fischsauce und das Sesamöl hinzu. Bringen Sie die Suppe zum Kochen. Rühren Sie die Pilze, Ingwer und Bambussprossen unter. Lassen Sie die Suppe kochen, bis die Pilze weich und die Garnelen gekocht sind.

3 Nehmen Sie den Dutch Oven von den Kohlen und rühren Sie Pfeffer, Limettensaft und Koriander ein. Verteilen Sie die Nudeln auf 4 Schüsseln und gießen Sie die Suppe darüber. Anschließend mit Sriracha Soße servieren.

ROTER LINSENEINTOPF

 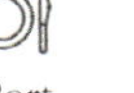
4 Port.

30 Min.

Leicht

Zutaten

1 EL Olivenöl
1 Zwiebel, gewürfelt
1 TL Salz
2 TL Garam Masala
1 TL Knoblauchpulver
425 g gewürfelte Tomaten (Dose)
200 g rote Linsen, gespült
300 g TK-Spinat
340 g Kabeljau
350 ml Wasser
Kräuter n.B.

Nährwerte p. P.

296 kcal
5 g Fett
35 g Kohlenhydrate
28 g Eiweiß

1 Erhitzen Sie 11 Kohlestücke unter dem Dutch Oven.

2 Geben Sie Olivenöl, Zwiebeln, Salz, Knoblauch und Garam Masala in den Dutch Oven. Legen Sie ihn unbedeckt auf die Kohlen und lassen Sie alles 1-2 Minuten kochen. Geben Sie die Tomaten hinzu und kochen Sie diese 2-3 Minuten, bis sie beginnen, zu köcheln. Fügen Sie den Spinat, die Linsen und das Wasser hinzu und bringen Sie die Suppe zum Kochen.

3 Geben Sie den Fisch in den Dutch Oven und decken Sie ihn ab. Kochen Sie alles etwa 15 Minuten, bis die Linsen weich sind. Je nach Dicke des Fisches kommen eventuell 5-10 Minuten Kochzeit hinzu.

4 Lassen Sie die Suppe etwas abkühlen, da die Linsen sehr heiß werden. Servieren Sie die Suppe in tiefen Tellern.

BRAUNE LINSENSUPPE

2 Port.

2 Std.
15 Min.

Leicht

Zutaten

200 g getrocknete Linsen
300 g geräucherter Bauchspeck
100 g Kartoffeln
1 Bund Suppengrün
1 Flasche Bier
Wasser
Salz und Pfeffer

Nährwerte p. P.

990 kcal
43 g Fett
86 g Kohlenhydrate
57 g Eiweiß

1 20 Briketts durchglühen und in der Zwischenzeit Gemüse und Speck schneiden. Briketts unter den Dutch Oven platzieren und Speck anbraten, anschließend herausnehmen.

2 Kartoffeln in etwas Fett leicht anbraten und dann das Gemüse andünsten. Alle Zutaten in den Dutch Oven geben und Bier zum Schluss hineinschütten. Topf mit Wasser auffüllen, bis die Linsen bedeckt sind. 3-4 Briketts unter den Dutch Oven und 18 bis 19 auf den Deckel legen. Die Suppe anschließend abgedeckt 2 Stunden kochen lassen.

3 Überprüfen Sie zwischendurch, wie viel Flüssigkeit verdunstet ist, und geben Sie, wenn nötig, mehr Wasser oder Bier hinzu. Nach dem Ende der Kochzeit sollte die Suppe mit der Gabel essbar sein. Linsensuppe abschmecken, wenn nötig mit Salz und Pfeffer nachwürzen. In tiefen Tellern servieren.

CABANOSSI-SUPPE

 8 Port.  2,5 Std.  Mittel

Zutaten

900 g Cabanossi-Wurst
500 g Zwiebeln
800 g Tomaten in Stücken (2 Dosen)
280 g Mais
50 g Butter
500 g grüne Bohnen
150 ml Rotwein
1½ L Gemüsebrühe
3 Paprika
5 Knoblauchzehen
2 TL Bohnenkraut
2 TL Thymian
100 g griechischer Joghurt
100 g Crème fraîche
Pfeffer
Chilipulver

Nährwerte p. P.

741 kcal
61 g Fett
19 g Kohlenhydrate
23 g Eiweiß

1 Erhitzen Sie den Dutch Oven mit 11 Briketts unter dem Topf. Waschen Sie das Gemüse ab und schneiden Sie die Bohnen und die Paprika in kleine Stücke sowie die Cabanossi in dünne Scheiben.

2 Geben Sie die Butter in den Dutch Oven und braten Sie die Zwiebeln an, bis sie weich sind. Fügen Sie die Tomatenstücke und die Gemüsebrühe hinzu, bevor die grünen Bohnen sowie 4 Knoblauchzehen gepresst in die Suppe kommen. Geben Sie den Rotwein hinzu und lassen Sie die Suppe 5 Minuten kochen. Fügen Sie den Mais und die Paprika hinzu und kochen Sie alles weitere 5 Minuten.

3 Geben Sie die Cabanossi hinzu und kochen Sie den Eintopf weitere 5 Minuten, bevor Sie diesen mit Thymian, Chilipulver und Bohnenkraut abschmecken. Kochen Sie die Suppe erneut 5 Minuten, sodass das Gemüse gar, aber bissfest ist.

4 Nehmen Sie den Dutch Oven von den Kohlen. Verrühren Sie den griechischen Joghurt mit der Crème fraîche und pressen Sie die Knoblauchzehe hinein. Rühren Sie alles um und geben Sie Salz und Pfeffer nach Belieben hinzu. Servieren Sie die Suppe.

Rind- und Schweinefleisch

SCHICHTFLEISCH

8 Port. | 16 Std. | Mittel

Zutaten

3 kg Schweinenacken
1½ kg Zwiebeln
4 rote Paprika
500-700 g Bacon
Rub
BBQ-Sauce

Nährwerte p. P.

1280 kcal
83 g Fett
13 g Kohlenhydrate
117 g Eiweiß

1 Schneiden Sie das Schweinefleisch am Vorabend in 2 cm dicke Steaks, die Sie mit einem Rub nach Wahl einreiben. Stellen Sie das Fleisch abgedeckt über Nacht in den Kühlschrank.

2 Schneiden Sie am nächsten Tag die Paprika und Zwiebeln in Scheiben.

3 Fetten Sie Ihren Dutch Oven ein und legen Sie ihn von der Mitte bis zum Rand mit Bacon aus, sodass er auch über den Rand hinausragt. Legen Sie ein paar Zwiebelscheiben auf den Boden und die Ränder des Dutch Oven.

4 Stellen Sie den Dutch Oven schräg und schichten Sie auf die Zwiebeln am Rand Paprika und Fleisch, bis der Topf voll ist. Übergießen Sie alles mit der BBQ-Sauce und klappen Sie den heraushängenden Bacon auf das Fleisch.

5 Glühen Sie die Briketts vor, von denen 11 unter den Topf kommen und 22 auf den Deckel. Ein Thermometer sollte eine Temperatur von 180 - 200 °C anzeigen.

6 Lassen Sie das Schichtfleisch 2-3 Stunden braten. Sie können es noch passend mit Weißbrot servieren.

RINDERROULADEN

4 Port.

3 Std.
15 Min.

Mittel

Zutaten

8 Scheiben Speck
4 Rinderrouladen
12 Gewürzgurken, in Scheiben
Senf, Salz, Pfeffer
2 Jalapeños, geschnitten
Koriander
2 Zwiebeln
300 ml Rinderfond
1 Lauch
5 Möhren
100 ml Rotwein
4-5 EL Tomatenmark
Küchengarn

Nährwerte p. P.

469 kcal
18 g Fett
19 g Kohlenhydrate
50 g Eiweiß

1 Breiten Sie die Rinderrouladen aus und würzen und bestreichen Sie diese mit Senf. Legen Sie den Bacon über die Länge der Rouladen und belegen Sie diese ebenfalls mit den Gurken, Jalapeños und einer geschnittenen Zwiebel. Rollen Sie die Rouladen wieder zusammen und binden Sie diese mit dem Küchengarn zusammen. Verwenden Sie keine Nadeln, da diese den Dutch Oven zerkratzen können.

2 Braten Sie die Rouladen von allen Seiten im Dutch Oven an, indem Sie ihn mit Kohlen erhitzen. Nehmen Sie die Rouladen heraus. Schneiden Sie das Gemüse in Würfel und braten Sie es mit dem Tomatenmark an. Legen Sie die Rouladen wieder zurück in den Dutch Oven und gießen Sie den Rinderfond und den Rotwein dazu.

3 Legen Sie 4-5 Briketts nach unten und 9-10 Briketts nach oben. Lassen Sie die Rouladen 2-3 Stunden schmoren. Wenn nötig, fügen Sie immer wieder Wasser hinzu. Anschließend die Einlage pürieren und nach Geschmack würzen.

Tipp: Als Beilage eignen sich hervorragend Knödel.

SCHICHT-CORDON-BLEU

4 Port.

3 Std.

Mittel

Zutaten

400 g gekochter Schinken
1,8 kg Schweinefleisch
300 g Käsescheiben
6 EL Rub
8 Zwiebeln
250 g Kräuterfrischkäse
3 EL Milch
2-3 EL Öl
Zum Garnieren: Etwas gehackte Petersilie und Limette

Nährwerte p. P.

904 kcal
28 g Fett
14 g Kohlenhydrate
148 g Eiweiß

1 Putzen Sie das Schweinefleisch und bearbeiten Sie es mit einem Fleischklopfer, damit es überall gleich dick ist. Marinieren Sie es mit Öl und Rub und lassen Sie es mindestens 60 Minuten im Kühlschrank einziehen. Heizen Sie 22 Briketts an.

2 Schälen Sie die Zwiebeln und schneiden Sie diese in dünne Ringe. Legen Sie den Boden des Dutch Oven mit diesen aus. Schichten Sie die Zutaten im Dutch Oven. Beginnen Sie mit einer Scheibe Schinken, anschließend folgen Käse und Schweinefleisch. Dies wiederholen Sie immer wieder.

3 Vermischen Sie die Milch mit dem Frischkäse und gießen Sie das Gemisch über das Schicht-Cordon-Bleu. Unter den Dutch Oven kommen 11 und oben ebenfalls 11 Briketts hin. Lassen Sie alles 80-90 Minuten braten. Servieren Sie es noch heiß mit der Petersilie und einer halbierten Limette. Als Beilage eignet sich Kartoffelsalat oder -püree.

RAUCHIGES GULASCH

6 Port.

3 Std.
20 Min.

Leicht

Zutaten

2 kg Zwiebeln
3 kg Rindergulasch
3 rote Paprika
250 g Bacon
½ Tube Tomatenmark
500 ml Rotwein
800 ml Rinderfond
3 Lorbeerblätter
5 Knoblauchzehen
2 EL geräuchertes Paprikapulver
Salz und Pfeffer
Majoran
1 EL Butterschmalz

Nährwerte p. P.

1370 kcal
81 g Fett
28 g Kohlenhydrate
113 g Eiweiß

1 Würfeln Sie den Bacon und schneiden Sie die Zwiebeln und Paprika in Stücke. Schälen Sie die Knoblauchzehen und drücken Sie diese kurz an.

2 Stellen Sie den Dutch Oven auf 20 durchgeglühte Briketts und lassen Sie ihn 5 – 10 Minuten aufheizen. Geben Sie 1 EL Butterschmalz in den Dutch Oven und braten Sie das Fleisch portionsweise an. Am besten dritteln. Rösten Sie den Bacon kurz an und fügen Sie Zwiebeln, Lorbeerblätter und Knoblauchzehen hinzu, bis die Zwiebeln glasig sind. Geben Sie das Fleisch wieder in den Dutch Oven und würzen Sie es mit Salz, Pfeffer und Paprikapulver. Fügen Sie das Tomatenmark hinzu und verrühren Sie alles gut.

3 Geben Sie den Rotwein zum Gulasch und lassen Sie dieses eine Stunde schmoren. Reduzieren Sie hier die Unterhitze auf 8 Briketts. Oben benötigen Sie nun 16 Briketts. Gießen Sie den Rinderfond in den Dutch Oven und lassen Sie alles eine weitere Stunde schmoren. Schmoren Sie die Paprika anschließend 45 Minuten mit. Verfeinern Sie die Sauce mit Majoran und servieren Sie das Gulasch.

ALTBAYRISCHER SCHWEINEBRATEN

4 Port.

2 Std. 50 Min.

Leicht

Zutaten

1 kg Schweinebraten
0,33 l Bier
½ l Gemüsebrühe
1 Lauch
1 Zwiebel
1 Karotte
1 Petersilie
1 Sellerie
Salz und Pfeffer

Nährwerte p. P.

474 kcal
23 g Fett
9 g Kohlenhydrate
52 g Eiweiß

1 Würzen Sie das Fleisch mit reichlich Pfeffer und Salz. Erhitzen Sie den Dutch Oven mit 20 Kohlen.

2 Braten Sie das Fleisch von beiden Seiten an. Unter den Dutch Oven kommen 8 und auf den Deckel 12 Kohlen.

3 Würfeln Sie das Gemüse und geben Sie es zum Fleisch, bevor Sie alles mit dem Bier andünsten. Die Schwarte sollte hierbei unten sein. Lassen Sie alles 80 Minuten garen, bevor Sie die Gemüsebrühe hinzufügen und den Braten umdrehen sowie weitere 70 Minuten braten.

4 Die Flüssigkeit können Sie absieben und als Sauce für Beilagen, wie zum Beispiel Semmelknödel oder Bratkartoffeln, nutzen. Servieren Sie hierzu das Fleisch.

GRÜNKOHL MIT METTWURST

8 Port.

2 Std.
50 Min.

Leicht

Zutaten

500 g Kassler, gewürfelt
2 kg Grünkohl
8 Bauern-Mettwürste
1 kg Kartoffeln, festkochend, geschält und in Scheiben geschnitten
2 Zwiebeln, in Streifen
150 g Speck, gewürfelt
2 EL Senf
750 ml Gemüsebrühe
Pfeffer

Nährwerte p. P.

738 kcal
45 g Fett
33 g Kohlenhydrate
43 g Eiweiß

1 Fetten Sie den Dutch Oven mit Butter ein und erhitzen Sie ihn mit 8 Briketts unter dem Topf und 16 auf dem Deckel.

2 Beginnen Sie nun, die Zutaten zu schichten: Beginnen Sie mit den Zwiebeln, bevor Sie mit Speck und Grünkohl fortfahren. Anschließend folgen Kassler und Kartoffeln. Würzen Sie mit Pfeffer und fahren Sie mit Grünkohl und Kassler fort, bevor Sie erneut pfeffern. Geben Sie die Mettwürste hinzu und gießen Sie die Brühe an.

3 Lassen Sie alles eine Stunde köcheln, stechen Sie dann die Mettwürste an und drehen Sie diese. Nach einer weiteren Stunde geben Sie den Senf und die Haferflocken hinzu. Lassen Sie das Gericht weitere 30 Minuten köcheln. Servieren Sie es sofort.

DÖNER-TOPF

4 Port.

1 Std.

Mittel

Zutaten

700 g Kalbsfleisch
3 Tomaten, gewürfelt
3 Zwiebeln, in Halbringe geschnitten
¼ Rotkohlkopf, in Streifen geschnitten
50 ml Weinbrand
300 ml Brühe
2 TL Tomatenmark
2 Knoblauch, gepresst
200 g Saure Sahne
400 g Joghurt
Saft einer halben Zitrone
1 Bund frischer Dill
Olivenöl
Salz und Pfeffer
Gewürzmischung nach Döner Art

Nährwerte p. P.

397 kcal
14 g Fett
20 g Kohlenhydrate
45 g Eiweiß

1 Schneiden Sie das Fleisch in dünne Streifen und marinieren Sie es mit Olivenöl und der Döner-Gewürzmischung. Lassen Sie es 30 Minuten einziehen.

2 Erhitzen Sie den Dutch Oven mit 11 Briketts. Braten Sie das Fleisch portionsweise an.

3 Braten Sie Zwiebeln und Knoblauch leicht an und geben Sie das Tomatenmark hinzu.

4 Löschen Sie alles mit Weinbrand ab und flambieren Sie es. Gießen Sie die Brühe dazu und lassen Sie das Ganze köcheln.

5 Geben Sie das Fleisch, den Joghurt, die Saure Sahne, den Dill und den Zitronensaft hinzu und vermischen Sie alles.

6 Heben Sie die Tomaten und den Rotkohl unter.

7 Schmecken Sie alles mit Salz und Pfeffer ab, bevor Sie es für 5 Minuten leicht köcheln. Servieren Sie das Fleisch sofort.

CHILI CON CARNE

4 Port.

1 Std.
20 Min.

Leicht

Zutaten

500 g Rinderhackfleisch
500 ml Tomaten, gestückelt
500 ml Tomaten, passiert
500 g Kidneybohnen
350 g Mais (Dose)
3 Knoblauchzehen
2 Zwiebeln
3 EL Olivenöl
1 EL Tomatenmark
1-5 rote Chilischote(n)
1-2 EL Chili-con-Carne-Gewürz
Salz und Pfeffer

Nährwerte p. P.

699 kcal
37 g Fett
46 g Kohlenhydrate
36 g Eiweiß

1 Schälen Sie die Zwiebeln und würfeln Sie diese. Ziehen Sie die Schale der Knoblauchzehen ab und hacken Sie sie. Schneiden Sie die Chilischote(n) in feine Stücke. Arbeiten Sie bei scharfen Chilis mit Handschuhen.

2 Erhitzen Sie den Dutch Oven mit 11 Kohlen und geben Sie das Olivenöl in diesen. Braten Sie das Hackfleisch, die Zwiebeln, den Knoblauch, die Chilischote(n) und das Tomatenmark an.

3 Teilen Sie das Hackfleisch in kleine Teile und streuen Sie die Gewürzmischung darüber. Geben Sie die Kidneybohnen und den nicht abgetropften Mais sowie die Tomaten hinzu.

4 Lassen Sie das Chili für 60 Minuten abgedeckt köcheln, dabei sollten Sie gelegentlich umrühren. Wenn es dickflüssiger werden soll, kochen Sie es länger. Schmecken Sie das Chili mit Salz und Pfeffer ab, bevor Sie es servieren.

BOEUF BOURGUIGNON

4 - 6 Port.

1,5 Std.

Mittel

Zutaten

5 Scheiben Speck, gehackt
3 mittelgroße Karotten, in Scheiben geschnitten
1 große Zwiebel, gehackt
1 Stange Sellerie, gehackt
900 g Schulterstück vom Rind, gewürfelt
½ TL Salz
¼ TL schwarzer Pfeffer
2 TL getrocknete Petersilie
½ TL getrockneter Thymian
¼ TL getrockneter Rosmarin
1 Prise Piment, gemahlen
1 EL Mehl
1 TL Tomatenmark
230 g Champignons
240 ml Burgunder
120 ml Rinderfond

Nährwerte p. P.

279 kcal
3 g Fett
44 g Kohlenhydrate
5 g Eiweiß

1 Erhitzen Sie den Dutch Oven mit 11 Briketts unter dem Topf. Braten Sie den Speck knusprig an. Legen Sie ihn zum Abtropfen auf Küchenpapier.

2 Bewahren Sie 2 EL des Speckfetts auf, schütten Sie den Rest weg. Braten Sie Zwiebel, Karotte und Sellerie im Fett 5 Minuten an. Nehmen Sie das Gemüse heraus.

3 Würzen Sie das Rindfleisch mit Salz und Pfeffer. Braten Sie es im restlichen Speckfett an.

4 Streuen Sie dann Petersilie, Thymian, Rosmarin, Piment und Mehl über das Rindfleisch. Rühren Sie das Tomatenmark ein und lassen Sie das Rindfleisch 1 Minute garen.

5 Geben Sie die Champignons, das Gemüse, den Speck, den Burgunder und den Rinderfond zum Rindfleisch. Lassen Sie alles abgedeckt 75 Minuten garen. Servieren Sie es sofort.

Wild

GESCHMORTES HIRSCHGULASCH MIT PILZEN

 6 Port.  2,5 Std.  Mittel

Zutaten

250 g Schweinebauch, geräuchert
1½ kg Hirschgulasch
7 Knoblauchzehen
7 große Zwiebeln
100 g Tomatenmark
300 g Pilze
2 EL Mehl
400 ml trockener Rotwein
3 TL Sonnenblumenöl
1 L Wildfond
2 EL Salz und Pfeffer
2 EL Paprikapulver
200 ml saure Sahne
10 Wacholderbeeren
5 EL Johannisbeerkonfitüre

Nährwerte p. P.

606 kcal
24 g Fett
20 g Kohlenhydrate
67 g Eiweiß

1 Schneiden Sie das Hirschfleisch in mundgerechte Stücke und den Bauchspeck, die Zwiebeln und den Knoblauch klein. Erhitzen Sie den Dutch Oven mit 11 Briketts und geben Sie das Öl hinein. Braten Sie den Speck, die Zwiebeln und den Knoblauch an. Bestäuben Sie das Fleisch mit Mehl und braten Sie es mit an. Geben Sie das Tomatenmark, die Wacholderbeeren und die Gewürze hinzu.

2 Löschen Sie alles mit dem Rotwein und dem Fond ab. Erhitzen Sie den Dutch Oven so, dass ein Thermometer 160 °C anzeigt. Lassen Sie die Zutaten 60 Minuten schmoren, bevor Sie die Pilze hinzugeben und alles erneut 60 Minuten schmoren lassen.

3 Nehmen Sie den Dutch Oven von den Kohlen und geben Sie die saure Sahne und die Johannisbeermarmelade hinzu. Rühren Sie diese unter und servieren Sie das Gulasch.

GESCHMORTE REHKEULE

4 Port.

3 Std.
10 Min.

Schwer

Zutaten

1 Rehkeule
200 g Sellerie
200 g Karotten
150 g Zwiebeln
50 ml Portwein, rot
100 ml Öl
4 EL Tomatenmark
1 L kräftiger Rotwein
1 Glas Schattenmorellen, abgetropft
500 ml Wildfond
400 ml Kirschsaft
etwas Koriander, Majoran, Beifuß
Salz, Pfeffer und Paprikagewürz
ggf. Speisestärke

Nährwerte p. P.

941 kcal
28 g Fett
22 g Kohlenhydrate
91 g Eiweiß

Zubereitung Rehkeule:

1 Befreien Sie die Rehkeule von Sehnen und lösen Sie das Fleisch von der Keule (schneiden Sie die Keule dabei nicht auf!). Heben Sie alles andere, auch den Knochen, auf und zerkleinern Sie es für die Soße. Würzen Sie die Keule mit Paprikagewürz und braten Sie diese im Dutch Oven von beiden Seiten an. Nehmen Sie die Keule heraus und legen Sie sie beiseite.

2 Geben Sie 2 EL Tomatenmark in den Dutch Oven und rösten Sie das Fleisch weiter. Löschen Sie es mit 250 ml Rotwein und 200 ml Kirschsaft ab. Lassen Sie die Hälfte der Flüssigkeit einkochen.

3 Unter den Dutch Oven kommen 5 Briketts und auf den Deckel 6. Lassen Sie alles garen, bis die Kerntemperatur der Keule 60 °C beträgt. Dies dauert 1-1,5 Stunden bei einer Keule von 2 kg. Überprüfen Sie dies mit einem Kernfühler. Sie sollten beim Garen darauf achten, dass genug Flüssigkeit vorhanden ist. Wenn nicht, fügen Sie mehr Rotwein hinzu. Packen Sie die Keule in Alufolie und lassen Sie diese 10 Minuten vor dem Anschneiden ruhen.

Zubereitung Soße:

4 Rösten Sie die zerkleinerten Sehnen und Knochen im Dutch Oven mit etwas Öl. Schälen Sie das Gemüse und zerkleinern Sie es. Rösten Sie es mit. Das Gemüse darf nicht zu dunkel werden.

5 Geben Sie das restliche Tomatenmark hinzu und lassen Sie alles weitere 3-4 Minuten rösten. Löschen Sie die Zutaten mit 250 ml Rotwein und 200 ml Kirschsaft, die Hälfte sollte einkochen. Lösen Sie hierbei mit einem Kochlöffel den Bratansatz vom Boden.

6 Geben Sie den restlichen Rotwein und den Wildfond hinzu. Lassen Sie alles 1,5 Stunden köcheln. Passieren Sie danach die Soße und lassen Sie diese erneut aufkochen. Geben Sie den Portwein hinzu und schmecken Sie die Soße mit Salz und Pfeffer ab. Nach Belieben binden Sie die Soße mit Speisestärke, damit diese dicker wird. Geben Sie kurz vor dem Servieren die halbierten Schattenmorellen hinzu.

WILDSCHWEINBRATEN MIT ROSENKOHL

6 Port.

2,5 Std.

Leicht

Zutaten

1½ kg Wildschweinbraten aus der Keule
1 Bund Suppengrün
100 ml Rotwein
2 EL Butterschmalz
400 ml Wildfond
50 ml Calvados
6 Wacholderbeeren
1 EL bunte Pfefferkörner
2 Zweige Thymian
1 Bio-Orange
4 EL Preiselbeermarmelade
100 g Crème fraîche
600 g Rosenkohl
100 g durchwachsener Speck
1 EL Rapsöl
Salz, Pfeffer und Zucker

Nährwerte p. P.

700 kcal
40 g Fett
13 g Kohlenhydrate
57 g Eiweiß

1 Bereiten Sie einen Gasgrill auf 150 °C direkte und indirekte Hitze vor. Bei Briketts brauchen Sie 20, 14 für unten und 6 für oben. Putzen Sie das Suppengrün und schneiden Sie es in Stücke. Waschen Sie das Fleisch ab, tupfen Sie es trocken und salzen Sie es. Braten Sie es im Dutch Oven mit Butterschmalz rundherum 8 -10 Minuten scharf an.

2 Nehmen Sie es heraus und rösten Sie das Gemüse 2-3 Minuten im Fett. Löschen Sie es mit Rotwein und Calvados ab, dann einmal aufkochen lassen. Geben Sie das Fleisch wieder hinzu und gießen Sie das Ganze mit dem Fond auf. Pressen Sie den Saft von 3 Zesten der Orange aus. Geben Sie diesen, die Orangenzesten und die Wacholderbeeren sowie Thymian und Pfefferkörner in den Dutch Oven. Setzen Sie den Deckel auf und lassen Sie alles 1,5 Stunden garen.

3 Entfernen Sie die welken Blätter des Rosenkohls, schneiden Sie den Strunk ab und halbieren Sie die Röschen. Kochen Sie diese auf dem Seitenkochfeld des Grills in Salzwasser mit einer Prise Zucker für 5 Minuten. Schneiden Sie den Speck in 1 cm große Stücke. Gießen Sie das Wasser ab und mischen Sie den Rosenkohl in einer Schüssel mit dem Speck und dem Öl, bevor Sie dieses mit Salz und Pfeffer würzen. Braten Sie die Mischung auf einer Wendeplatte bei direkter Hitze unter Wenden 5 Minuten.

4 Nehmen Sie den Braten aus dem Sud und gießen Sie die Flüssigkeit in einen Topf. Rühren Sie in diese die Crème fraîche ein und köcheln Sie die Soße auf dem Seitenkochfeld 5 Minuten bei mittlerer Hitze. Rühren Sie die Marmelade ein und pürieren Sie die Soße. Tranchieren Sie den Braten und servieren Sie ihn mit Soße und Rosenkohl.

REHGULASCH

4 Port. | 3,5 Std. | Mittel

Zutaten

1 kg Reh-Gulasch
1 Karotte, geschnitten
2 Zwiebeln, gewürfelt
1 Knollensellerie, gewürfelt
1-2 EL Butterschmalz
30 g Steinpilze, getrocknet
1 EL Tomatenmark
Frischer Thymian
4 Nelken
5 Wacholderbeeren
Gemahlener schwarzer Pfeffer, Meersalz und Zucker
4 EL Preiselbeerkompott
1 EL Balsamico
250 ml Wildfond
200 ml Rotwein
100 ml Wasser

Nährwerte p. P.

458 kcal
11 g Fett
18 g Kohlenhydrate
60 g Eiweiß

1 Weichen Sie die Steinpilze im Wasser ein und glühen Sie 24 Briketts durch. Währenddessen können Sie das Gemüse schneiden.

2 Legen Sie alle Kohlen unter den Dutch Oven und braten Sie das Fleisch im Butterschmalz an.

3 Nehmen Sie das Fleisch aus dem Topf und stellen Sie es beiseite. Schwitzen Sie das Tomatenmark an und geben Sie das Gemüse sowie die abgetropften Pilze hinzu. Dünsten Sie diese an und bewahren Sie das Wasser der Pilze auf.

4 Löschen Sie alles mit dem Rotwein ab und geben Sie das Fleisch sowie die restlichen Gewürze, Wacholderbeeren, Kräuter und Flüssigkeiten dazu. 2 EL Preiselbeerkompott kommen nun ebenfalls hinein. Rühren Sie alles gut um und legen Sie den Deckel auf.

5 Legen Sie 14 Briketts nun unter den Dutch Oven und 10 auf den Deckel. Lassen Sie das Gulasch 3 Stunden garen und überprüfen Sie in der letzten Stunde regelmäßig, ob genug Flüssigkeit vorhanden ist.

6 Geben Sie am Ende noch 2 EL Preiselbeerkompott hinzu und servieren Sie es zum Beispiel mit Rotkohl und Spätzle.

WILDE TRUTHAN-SPIEßE

4 Port.

1 Tag

Leicht

Zutaten

900 g Truthahn
125 ml Olivenöl
4 EL Weißweinessig
Saft von 1 Zitrone
2 Knoblauchzehen, gehackt
2 frische Minzblätter, gehackt
2 EL getrocknete italienische Gewürzmischung
½ TL Salz
Schwarzer Pfeffer
Optional dickes italienisches Brot

Nährwerte p. P.

515 kcal
31 g Fett
3 g Kohlenhydrate
56 g Eiweiß

1 Vermischen Sie in einer Schüssel das Olivenöl, den weißen Essig, den Knoblauch, den Zitronensaft, die Minze, das italienische Gewürz, das Salz und den Pfeffer.

2 Schneiden Sie den Truthahn in Würfel und marinieren Sie ihn in einem verschließbaren Beutel mit den zuvor verquirlten Zutaten. Kühlen Sie den Beutel 8 -24 Stunden.

3 Stecken Sie 3-6 Fleischstücke auf Spieße und wiederholen Sie dies mit dem restlichen Fleisch.

4 Geben Sie die Spieße in den Dutch Oven, der auf 22 Briketts stehen sollte. Braten Sie die Spieße dort 12 Minuten.

5 Servieren Sie ihn zum Beispiel mit italienischem Brot.

Geflügel

PULLED CHICKEN

8 Port.

2 Std.
15 Min.

Mittel

Zutaten

1,2 kg Hähnchenbrust-filet
400 g stückige Tomaten
500 g passierte Tomaten
1 rote, 1 gelbe Paprika
1 Bund Frühlingszwiebel
1 Knolle Ingwer
2 Chilis
1 Zwiebel
1 Knoblauchzehe
2 EL Olivenöl
5 EL BBQ-Sauce
1 EL Zucker
2 EL Tomatenmark
½ TL Salz
½ TL Chipotle-Chili
2 EL Tandoori-Chicken
Tacos

Nährwerte p. P.

641 kcal
18 g Fett
41 g Kohlenhydrate
75 g Eiweiß

1 Glühen Sie 14 Briketts durch und würzen Sie die Hähnchenbrust mit Tandoori-Chicken. Ziehen Sie die Haut der Zwiebel ab und würfeln Sie diese, den Knoblauch hacken Sie fein. Entkernen Sie die Chilis und schneiden Sie sie in kleine Stücke. Reiben Sie den Ingwer.

2 Platzieren Sie die Briketts unter dem Dutch Oven und erhitzen Sie in diesem Öl, um das Fleisch von beiden Seiten anzubraten. Nehmen Sie das Hähnchenbrustfilet heraus und stellen Sie es beiseite. Schwitzen Sie im Dutch Oven kurz den Knoblauch, den Ingwer, das Tomatenmark, die Chilis und die Zwiebel an. Geben Sie die Tomaten, die Barbecue-Sauce, das Salz, den Zucker und die Chipotle Chili hinzu.

3 Legen Sie das Fleisch wieder in den Dutch Oven. Legen Sie jeweils 7 Briketts nach oben und unten. Lassen Sie alles 90 Minuten garen. Putzen Sie die Frühlingszwiebeln und schneiden Sie sie in Ringe. Entkernen Sie die Paprikaschoten und schneiden Sie diese in kleine Stücke. Geben Sie das Gemüse in den Dutch Oven und lassen Sie alles eine weitere halbe Stunde garen.

4 Nehmen Sie das Hähnchen aus der Sauce und zupfen Sie es in einer Auflaufform auseinander. Vermengen Sie es wieder mit der Sauce. Servieren Sie die Sauce mit dem Hähnchen in Tacos.

HÄHNCHENSCHENKEL AUF ROSMARINKARTOFFELN

4 Port.

1 Std. 50 Min.

Leicht

Zutaten

4 Hähnchenschenkel mit Rückenstück
Etwas Öl
6 Kartoffeln, vorwiegend fest-kochend
400 ml Geflügelfond
2 Knoblauch
1 Zwiebel
1 Chilischote
Pfeffer
Rosmarinzweige, frisch
Gewürzmischung (z. B. Magic Dust)

Nährwerte p. P.

721 kcal
36 g Fett
21 g Kohlenhydrate
78 g Eiweiß

1 Rühren Sie die Gewürzmischung in etwas Öl an und marinieren Sie die Hähnchenkeulen am Vortag mit dieser.

2 Glühen Sie 20 Briketts vor. 6 kommen unter den Topf und 14 auf den Deckel. Schälen Sie die Kartoffeln und halbieren Sie diese. Bedecken Sie den Boden des Dutch Oven mit den Kartoffeln und bedecken Sie diese knapp mit Geflügelfond und etwas Wasser. Würzen Sie mit Pfeffer.

3 Schneiden Sie den Knoblauch sowie die Zwiebel in Scheiben, entkernen Sie die Chilischote und schneiden Sie sie in Ringe.

4 Geben Sie diese auf die Kartoffeln und garnieren Sie mit einigen Rosmarinzweigen. Betten Sie auf all dies die Hähnchenschenkel und lassen Sie diese 90 Minuten schmoren.Servieren Sie es sofort.

CHICKEN POT PIE

6 Port.

1 Std. 20 Min.

Mittel

Zutaten

1 EL Olivenöl
1 Knoblauchzehe, gehackt
½ Zwiebel, gehackt
530 ml Milch
2 Hühnercremesuppen (Dosen)
30 g Mehl
1 Kartoffel, gehackt
340 g Gemüse, TK
1 TL Salz & Pfeffer
420 g Brathähnchen, zerkleinert
1 Blätterteig, TK

Nährwerte p. P.

860 kcal
40 g Fett
52 g Kohlenhydrate
72 g Eiweiß

1 Erhitzen Sie einen Dutch Oven mit 22 Briketts unter dem Topf. Lassen Sie den Blätterteig bei Raumtemperatur auftauen. Geben Sie Olivenöl in den Dutch Oven und schwitzen Sie Zwiebel und Knoblauch 5 Minuten darin an.

2 Verquirlen Sie Milch und Mehl und geben Sie diese in den Dutch Oven. Fügen Sie alle Zutaten bis auf das Brathähnchen und den Blätterteig hinzu. Lassen Sie alles köcheln, bis die Kartoffeln gegart sind. Soll die Konsistenz dünner sein, geben Sie mehr Wasser hinzu.

3 Geben Sie das Hühnchen hinzu und nehmen Sie den Topf von den Kohlen. Klappen Sie den Blätterteig auf und schneiden Sie diesen mit Hilfe des Deckels des Dutch Oven so, dass er in den Dutch Oven passt.

4 Legen Sie den Blätterteig auf die restlichen Zutaten und backen Sie alles mit 11 Briketts unter dem Topf und 22 auf dem Deckel für 35-40 Minuten, bis die Oberseite goldbraun ist. Lassen Sie es 5 Minuten ruhen und servieren Sie es.

SCHNELLES PUTENGULASCH

4 Port.

2 Std.

Leicht

Zutaten

4 Putenschnitzel
2 große Kartoffeln
2 Möhren
2 Zwiebeln
3 EL Olivenöl
500 ml Gemüsebrühe
Oregano
Paprikapulver, edelsüß
Salz und Pfeffer

Nährwerte p. P.

396 kcal
13 g Fett
17 g Kohlenhydrate
52 g Eiweiß

1 Schneiden Sie die Kartoffeln, die Möhren, die Putenschnitzel und die Zwiebeln in mundgerechte Stücke.

2 Erhitzen Sie im Dutch Oven auf 22 Kohlen Olivenöl. Geben Sie ein paar Zwiebelstücke in den Dutch Oven. Wenn das Fett beginnt, Blasen zu werfen, geben Sie die restlichen Zwiebeln und das Fleisch hinzu. Braten Sie es bei stetigem Rühren an. Geben Sie die Möhren und Kartoffeln hinzu, wenn die Zwiebeln beginnen, sich bräunlich zu färben.

3 Nehmen Sie den Topf kurz von den Briketts und gießen Sie ihn mit Wasser auf, wodurch sich der Bodenansatz löst. Geben Sie Gemüsebrühe sowie Paprikapulver hinzu und salzen Sie nach Geschmack. Geben Sie den Oregano hinzu.

4 Lassen Sie es köcheln, bis Kartoffeln und Zwiebeln gar sind. Pfeffern Sie das Gericht und servieren Sie es.

CREMIGE CHIPOTLE-BUTTER-HÄHNCHEN-FLEISCHBÄLLCHEN

4 Port.

45 Min.

Mittel

Zutaten

Zutaten Fleischklößchen:
1 großes Ei
100 g Pankomehl
½ TL Knoblauchpulver
½ TL Zwiebelpulver
1 TL Salz, ½ TL Pfeffer
600 g Putenfleisch, gehackt

Chipotle-Buttersauce:
4 EL Butter
1 mittelgroße Zwiebel, gehackt
4 TL geriebener Knoblauch
1 Dose Tomatenpüree, passiert
2 gehackte Paprika +
2 EL Adobo-Sauce
1 TL geräuchertes Paprikapulver
1,5 TL Kreuzkümmel
1 TL Adobo-Gewürz
240 ml Sahne
Salz

Nährwerte p. P.

620 kcal
32 g Fett
34 g Kohlenhydrate
46 g Eiweiß

1 Erhitzen Sie den Dutch Oven mit 22 Briketts, bis ein Thermometer 230 °C anzeigt. Legen Sie den Dutch Oven mit Backpapier aus. Vermischen Sie in einer Schüssel mit einer Gabel alle Zutaten für die Frikadellen, fügen Sie das Putenfleisch zuletzt hinzu. Befeuchten Sie Ihre Hände und formen Sie 20-25 Fleischbällchen. Legen Sie diese auf das Backpapier und backen Sie sie 14 -15 Minuten mit geschlossenem Deckel. 11 Briketts kommen nach unten, 11 nach oben.

2 Erhitzen Sie in einer Pfanne 2 EL Butter und geben Sie die Zwiebelstücke mit einer Prise Salz hinzu. Lassen Sie diese 7-8 Minuten kochen, sodass Sie weich werden.

3 Fügen Sie den Knoblauch hinzu und kochen Sie, bis er duftet. Rühren Sie Tomatenpüree, Paprika, Adobo-Sauce, die Gewürze und 240 ml Wasser unter. Lassen Sie die Sauce köcheln und reduzieren Sie die Hitze. Lassen Sie alles 10 Minuten kochen. Rühren Sie die Sahne und die restliche Butter ein.

4 Fügen Sie die Fleischbällchen der Sauce hinzu und lassen Sie diese einige Minuten ruhen. Servieren Sie alles zum Beispiel mit Basmatireis.

Fisch und Meeresfrüchte

HEILBUTT MIT GEBRATENEM KNOBLAUCH UND KIRSCHTOMATEN

4 Port.

1 Std.

Leicht

Zutaten

60 ml natives Olivenöl extra
2 Knoblauchzehen, dünn geschnitten
1 Prise rote Paprikaflocken
340 g Kirschtomaten
1 EL Kapern
1 TL frischer Thymian, gehackt
2 Heilbutt-Steaks mit Haut
Salz und Pfeffer

Nährwerte p. P.

403 kcal
18 g Fett
4 g Kohlenhydrate
54 g Eiweiß

1 Erhitzen Sie Ihren Dutch Oven mit 22 Briketts, bis ein Thermometer 120 °C anzeigt. Geben Sie die Hälfte des Öls in den Dutch Oven und kochen Sie für 2-4 Minuten den Knoblauch, die Paprikaflocken und eine Prise Salz. Rühren Sie Tomaten, Kapern und Thymian unter.

2 Würzen Sie den Heilbutt mit Salz und Pfeffer, bevor Sie ihn auf die Tomaten legen. Reduzieren Sie die Brikettanzahl auf 15. Decken Sie den Topf ab und kochen Sie alles 35-40 Minuten, bis der Heilbutt auseinanderfällt. Nehmen Sie den Heilbutt heraus und wickeln Sie ihn in Alufolie ein.

3 Kochen Sie die Tomatenmischung 2 Minuten, bis sie leicht angedickt ist. Nehmen Sie den Dutch Oven von den Kohlen und rühren Sie das restliche Öl ein.

4 Entfernen Sie die Haut des Heilbutts und servieren Sie ihn mit der Sauce.

LACHSFORELLE

3 Port.

1 Std.
45 Min.

Mittel

Zutaten

600 g Lachsforellen-Filet
3 EL Honig
3 EL Olivenöl
3 EL Sojasauce
6 Cracker
1,5 EL Senf
500 g Expressreis

Nährwerte p. P.

608 kcal
21 g Fett
59 g Kohlenhydrate
46 g Eiweiß

1 Geben Sie Sojasauce, Olivenöl, Honig und Senf in einen Folienbeutel und mischen Sie diese gut durch. Geben Sie die Fischfilets zu der Marinade und lassen Sie diese 60 Minuten in einer Kühlbox einziehen.

2 Fetten Sie den Dutch Oven mit etwas Öl ein, geben Sie den Reis hinein und füllen Sie den Topf mit einer Tasse Wasser auf. Legen Sie auf das Reisbett ein Stück Backpapier, auf das die Fischfilets mit der Haut nach unten gelegt werden.

3 Zerkrümeln Sie die Cracker und streuen Sie diese auf die Filets. Falten Sie das Backpapier etwas um.

4 Unter den Dutch Oven kommen 11 Briketts und auf den Deckel 22. Überprüfen Sie nach 30 Minuten, ob der Fisch fertig ist. Servieren Sie das Gericht sofort.

CHILI-BUTTER-LACHS

4 Port.

1 Std.

Leicht

Zutaten

1 Stück Lachs mit Haut
120 g Butter
1-2 cm Ingwer, klein gehackt
1 Knoblauchzehe, fein gehackt
Chilischoten, klein gehackt
1 Prise Salz

Nährwerte p. P.

677 kcal
55 g Fett
2 g Kohlenhydrate
43 g Eiweiß

1 Erhitzen Sie den Dutch Oven mit 22 Briketts und dünsten Sie alle Zutaten außer den Lachs in 4 EL Butter an, bevor Sie die restliche Butter hinzugeben und zerlassen.

2 Geben Sie den Lachs in den Dutch Oven und bestreichen Sie ihn mit der Chili-Butter.

3 Erzeugen Sie mit so vielen Briketts wie möglich eine große Unterhitze. Braten Sie den Lachs 30 Minuten lang an. Servieren Sie ihn zum Beispiel mit Reis.

MEERESFRÜCHTE-THAICURRY

4 Port.

1 Std. 50 Min.

Leicht

Zutaten

800 g Garnelen, mit Kopf und Schale
1 kg Tintenfisch, geputzt
Saft von 2 Limetten
1 Knoblauch, gehackt
Zitronenpfeffer und Meersalz
3 EL Olivenöl
1 Zwiebel, geschält und grob geschnitten
4-5 Knoblauchzehen, fein gehackt
1 Knolle Ingwer, geschält und fein gehackt
1 rote, 1 grüne Paprika, in Stücke geschnitten
1 mittelgroße Zucchini, in Stücke geschnitten
200 g frische braune Champignons, halbiert
Etwas Zitronengras
3-4 Kaffirblätter
1 Dose Reisstrohpilze
1 Dose Kokosmilch
Rote Currypaste
Salz und Pfeffer

Nährwerte p. P.

638 kcal
20 g Fett
18 g Kohlenhydrate
92 g Eiweiß

1 Stellen Sie aus dem Limettensaft, dem Olivenöl, dem Meersalz, dem Zitronenpfeffer und dem gepressten Knoblauch eine Marinade her. Geben Sie diese über die Meeresfrüchte, decken Sie sie mit Folie ab und lassen Sie sie 60 Minuten im Kühlschrank ziehen.

2 Lassen Sie die Meeresfrüchte abtropfen und braten Sie diese im Dutch Oven in Olivenöl zusammen mit Knoblauch, Zwiebel und Ingwer an. Nutzen Sie hierbei 7 Kohlen unter dem Topf.

3 Geben Sie das Gemüse und die Pilze nach und nach dazu, braten Sie es kurz mit an und löschen Sie es mit der Kokosmilch ab. Geben Sie die Currypaste hinzu, die Kaffirblätter und das Zitronengras kommen ebenfalls hinein.

4 Schmecken Sie alles mit Salz und Pfeffer ab. Kochen Sie das Gericht 20-30 Minuten mit aufgesetztem Deckel. Nehmen Sie 3 Kohlen für oben und 4 für unten. Servieren Sie es sofort.

MEERESFRÜCHTEBOLOGNESE

4 Port.

1 Std.
20 Min.

Leicht

Zutaten
300 g Meeresfrüchte
1 Karotte
2 Tintenfischtuben
2 EL Olivenöl
1 Zwiebel
1 Knoblauchzehe
150 ml Rotwein
200 g passierte Tomaten
1 EL Tomatenmark
2 Lorbeerblätter
½ kleine Chilischote
Salz und Pfeffer
2 EL Basilikum, gehackt
½ EL italienische Kräuter

Nährwerte p. P.
276 kcal
10 g Fett
7 g Kohlenhydrate
34 g Eiweiß

1 Würfeln Sie die Karotte, die Zwiebel und den Knoblauch. Heizen Sie den Dutch Oven mit 22 Briketts vor und schwitzen Sie das Gemüse im Öl an.

2 Schneiden Sie die Tintenfischtuben in Ringe. Geben Sie das Tomatenmark in den Dutch Oven. Fügen Sie die Meeresfrüchte zusammen mit dem Tintenfisch hinzu. Braten Sie diese kurz an und löschen Sie alles mit Rotwein ab. Geben Sie die passierten Tomaten, die entkernte Chili sowie die Lorbeerblätter in den Topf.

3 Lassen Sie alles mit 15 Briketts 60 Minuten köcheln.

4 Schmecken Sie alles mit Salz und Pfeffer und den italienischen Kräutern ab. Servieren Sie es zusammen mit Spaghetti und Basilikum.

PAELLA

4 Port. | 1 Std. 15 Min. | Mittel

Zutaten
4 Hähnchenbrustfilets
8 Garnelen, geschält
3 EL Olivenöl
200 g Chorizo
1 Paprika
1 Zwiebel
150 g Erbsen, TK
1 Fleischtomate
250 g Reis
750 ml Hühnerfond
1 Prise Salz & Pfeffer
Safran
½ Bund Petersilie
2 Bio-Zitronen

Nährwerte p. P.
934 kcal
38 g Fett
38 g Kohlenhydrate
87 g Eiweiß

1 Geben Sie den Dutch Oven auf 22 Briketts. Erhitzen Sie in diesem Olivenöl und braten Sie die klein geschnittene Hähnchenbrust und Chorizo an. Nehmen Sie den Inhalt heraus. Braten Sie die Garnelen kurz im Öl an und nehmen Sie diese ebenfalls heraus.

2 Braten Sie die geschnittene Paprika und die geschnittene Zwiebel an, bevor Sie die geschnittene Tomate und die Erbsen dazugeben. Dünsten Sie alles 5 Minuten an. Schmecken Sie es mit Salz, Pfeffer und Safran ab.

3 Geben Sie den Reis dazu und löschen Sie es mit Hühnerfond ab. Lassen Sie alles 20 Minuten köcheln, bis die Flüssigkeit verkocht. Nehmen Sie den Dutch Oven von den Kohlen.

4 Geben Sie Hähnchen, Wurst und Garnelen dazu. Lassen Sie alles 15 Minuten ziehen. Garnieren Sie das Gericht mit Petersilie und geachtelter Zitrone.

LOW COUNTRY BOIL

6 - 8 Port. 50 Min. Mittel

Zutaten

2,4 L Wasser
40 g plus 1 EL Old Bay Seasoning-Gewürzmischung
1 gelbe Zwiebel, geviertelt
7 Knoblauchzehen
2 Lorbeerblätter, getrocknet
450 g kleine Kartoffeln
4 Kolben Mais
450 g geräucherte Wurst, in Scheiben
900 g ungeschälte Garnelen, frisch
230 g Butter, geschmolzen
2 EL frischer Zitronensaft
Zitronenspalten
Petersilie

Nährwerte p. P. (bei 6 Portionen)

773 kcal
60 g Fett
20 g Kohlenhydrate
44 g Eiweiß

1 Erhitzen Sie 22 Briketts unter einem Dutch Oven. Bringen Sie das Wasser, die 40 g Old Bay Seasoning-Gewürzmischung, die Zwiebel, den Knoblauch und die Lorbeerblätter zum Köcheln. Kochen Sie es für 5 Minuten.

2 Fügen Sie die Kartoffeln hinzu und kochen Sie alles weitere 12 Minuten, bis die Kartoffeln weich sind. Fügen Sie den Mais, gelöst von den Kolben, und die Wurst hinzu. Kochen Sie es weitere 10 Minuten.

3 Nehmen Sie den Dutch Oven von den Kohlen. Rühren Sie die Garnelen unter. Bedecken Sie den Dutch Oven und lassen Sie die Garnelen für 5-7 Minuten stehen.

4 Verrühren Sie in einer kleinen Schüssel Butter, Zitronensaft und die restliche Old Bay Seasoning-Gewürzmischung. Lassen Sie die Garnelen, die Wurst und das Gemüse aus der Kochflüssigkeit abtropfen. Nehmen Sie die Lorbeerblätter heraus.

5 Servieren Sie das Gericht mit der Buttermischung und den Zitronenspalten. Garnieren Sie es mit Petersilie.

Vegetarisch und Vegan

GRÜNES CURRY MIT TOFU UND BROKKOLI

4 Port.

30 Min.

Leicht

Zutaten

430 g fester Tofu, abgetropft
2 EL Kokosnussöl
1 Zwiebel, gehackt
1,5 EL Ingwer, gehackt
2 Knoblauchzehen, gehackt
3 EL grüne Currypaste
430 g Kokosmilch
120 ml Gemüsebrühe
2 TL brauner Zucker
415 g gefrorener Brokkoli
1 EL Limettensaft
2 TL Sojasauce
Basilikum
1 TL Salz und ¼ TL schwarzer Pfeffer

Nährwerte p. P.

484 kcal
39 g Fett
21 g Kohlenhydrate
23 g Eiweiß

1 Wickeln Sie den Tofublock in Papiertücher ein und beschweren Sie ihn.

2 Erhitzen Sie den Dutch Oven mit 22 Briketts. Geben Sie das Öl in diesen und braten Sie die Zwiebel, den Ingwer und den Knoblauch 5 Minuten unter Rühren an. Würzen Sie mit Salz sowie Pfeffer und der Currypaste. Kochen Sie alles 5 Minuten.

3 Rühren Sie die Kokosmilch, die Brühe und den braunen Zucker langsam ein. Bringen Sie das Ganze zum Köcheln und schneiden Sie den Tofu in kleine Würfel.

4 Fügen Sie Tofu und Brokkoli hinzu. Lassen Sie den Inhalt 12 Minuten köcheln, bis die Flüssigkeit andickt. Nehmen Sie den Dutch Oven von den Kohlen und rühren Sie Limettensaft, Sojasauce und Basilikum ein. Servieren Sie es zum Beispiel mit Reis.

GESCHMORTER KOKOSSPINAT UND KICHERERBSEN MIT ZITRONE

4 Port.

30 Min.

Leicht

Zutaten
2 TL Öl
1 kleine gelbe Zwiebel
4 Knoblauchzehen, gehackt
1 EL Ingwer, gerieben
Geriebene Schale von 1 Bio-Zitrone
1 Prise rote Paprikaflocken
1 Dose Kichererbsen, abgetropft
1 Dose Kokosmilch
2 EL Zitronensaft
1 TL gemahlener Ingwer
1 TL Salz

Nährwerte p. P.
424 kcal
26 g Fett
41 g Kohlenhydrate
15 g Eiweiß

1 Erhitzen Sie den Dutch Oven auf 22 Kohlen. Erhitzen Sie Öl und fügen Sie die geschnittene Zwiebel hinzu. Braten Sie diese, bis sie braun wird, was ca. 5 Minuten dauert. Geben Sie die den Knoblauch, den frischen Ingwer, die Zitronenschale und die Paprikaflocken hinzu. Lassen Sie alles 3 Minuten unter Rühren kochen.

2 Geben Sie die Kichererbsen hinzu und lassen Sie diese 3 Minuten kochen. Fügen Sie Kokosmilch, Zitronensaft, gemahlenen Ingwer und Salz hinzu. Bringen Sie die Zutaten zum Köcheln und lassen Sie sie 10 Minuten kochen. Servieren Sie das Gericht zum Beispiel mit Reis oder gerösteten Süßkartoffeln.

BROKKOLI-HÄHNCHENERSATZ-POT

6 Port.

50 Min.

Leicht

Zutaten

400 g Basmatireis
600 ml Gemüsebrühe
400 g Hähnchenersatz
90 g Brokkoli-Röschen
280 ml Milch
1 kleine Zwiebel, gewürfelt
2 EL Butter
Salz und Pfeffer

Nährwerte p. P.

393 kcal
12 g Fett
53 g Kohlenhydrate
17 g Eiweiß

1 Braten Sie in einer mittelgroßen Pfanne die Zwiebelwürfel in der Butter für 10 Minuten an. Geben Sie den Hähnchenersatz hinzu und braten Sie ihn goldbraun.

2 Erhitzen Sie den Dutch Oven mit 22 Briketts und bringen Sie die Gemüsebrühe zum Kochen, bevor Sie den Reis hinzufügen. Geben Sie 11 Briketts unter den Topf und 11 auf den Deckel, um den Reis 15 -20 Minuten zu kochen.

3 Legen Sie nach 15 Minuten die Brokkoli-Röschen auf den Reis und garen Sie diese so. Nach 5 Minuten den Hähnchenersatz dazugeben und alles nochmal 5 Minuten durchziehen lassen. Mit Salz und Pfeffer abschmecken. Servieren Sie den Reis Pot noch heiß.

ENCHILADAS

4 Port.

25 Min.

Mittel

Zutaten

2 EL Öl
1 rote Paprika, in Streifen
½ Zwiebel, in Scheiben
4 Knoblauchzehen, gehackt
1 EL Kreuzkümmel
2 TL Salz
400 g Enchilada-Sauce
240 g Käse
175 g schwarze Bohnen, gekocht
4 Tortillas

Nährwerte p. P.

501 kcal
22 g Fett
39 g Kohlenhydrate
22 g Eiweiß

1 Erhitzen Sie Ihren Dutch Oven auf 22 Kohlen. Geben Sie das Öl hinein und braten Sie die Paprika darin einige Minuten an. Geben Sie die Zwiebelscheiben hinzu und braten Sie diese an, bis sie glasig werden. Fügen Sie Knoblauch, Kümmel und Salz hinzu. Anschließend braten Sie diese für weitere 30 Minuten an. Entnehmen Sie den Inhalt und stellen Sie ihn beiseite.

2 Beschichten Sie den Boden des Dutch Oven mit 100 g Enchilada-Sauce. Legen Sie Zwiebeln und Paprika in die Mitte einer Tortilla, bestreuen Sie diese mit schwarzen Bohnen und etwas Käse. Rollen Sie die Tortilla um die Füllung und legen Sie diese mit der Naht nach unten in den Schmortopf. Wiederholen Sie dies mit den restlichen 4 Tortillas.

3 Bedecken Sie die Enchiladas mit der restlichen Sauce und dem restlichen Käse. Unter den Topf kommen 6 und auf den Deckel 16 Kohlen. Lassen Sie den Inhalt 10 Minuten kochen, bis der Käse geschmolzen ist. Servieren Sie die Enchiladas optional mit Jalapeños, Koriander oder Limette.

KURKUMA-LINSEN-REIS

4 Port.

30 Min.

Leicht

Zutaten
400 g Langkornreis
90 Erbsen
180 g rote Linsen, abgetropft
1 L Wasser
1 TL Kurkuma
1 TL Chilipulver
¼ TL Kreuzkümmel
½ TL Korianderpulver
1 EL Senföl
1 Zwiebel, in Scheiben
2 Knoblauchzehen, in Scheiben
200 g Kirschtomaten, halbiert
1 rote Paprika, in Scheiben
1 EL Limettensaft
Salz

Nährwerte p. P.
624 kcal
6 g Fett
108 g Kohlenhydrate
30 g Eiweiß

1 Erhitzen Sie den Dutch Oven mit 22 Briketts. Kochen Sie in diesem Senföl, Knoblauch und Zwiebel für 3 Minuten an. Fügen Sie Reis, Kurkuma, Kreuzkümmel, Koriander und Chilipulver hinzu und lassen Sie es 2 Minuten kochen.

2 Geben Sie das Wasser hinein und legen Sie den Deckel auf. 11 Kohlen kommen unter den Topf und 11 auf den Deckel. Lassen Sie es für 15 Minuten kochen.

3 Fügen Sie Linsen, Limettensaft, Kirschtomaten, Paprika, Erbsen und Salz hinzu. Decken Sie den Dutch Oven wieder ab. Lassen Sie die Zutaten weitere 7 - 8 Minuten kochen.

4 Servieren Sie es sofort.

MIT REIS GEFÜLLTE PAPRIKASCHOTEN

6 Port.

1 Std.

Mittel

Zutaten

800 g gekochter Klebreis
6 grüne Paprika
240 ml Tomatensauce
2 große rote Zwiebeln, gehackt
75 g Tomaten
75 g Zucchini
4 Knoblauchzehen, gehackt
1 TL Ingwer, gehackt
1 EL Petersilie, gehackt
1 TL Minze, gehackt
1 TL Paprikapulver
1 TL Cayennepfeffer
150 g Tofu, zerbröckelt
75 Tomaten, in Spalten
Meersalz

Nährwerte p. P.

614 kcal
9 g Fett
84 g Kohlenhydrate
38 g Eiweiß

1 Erhitzen Sie Ihren Dutch Oven mit 22 Briketts. Vermischen Sie in einer Schüssel Reis, geschnittene Zucchini, Minze, Paprikapulver, Cayennepfeffer, Meersalz, gehackte Tomaten, Tomatensauce, Tofu, Zwiebeln, Ingwer und Knoblauch.

2 Schneiden Sie den Stiel der Paprika ab und entkernen Sie diese. Entfernen Sie das Fruchtfleisch. Legen Sie die Paprika in den Dutch Oven, um sicherzustellen, dass ausreichend Platz für den Deckel bleibt.

3 Füllen Sie die Paprikaschoten mit der Reismischung und bestreichen Sie den Dutch Oven mit Olivenöl. Geben Sie die Paprikaschoten in den Dutch Oven und geben Sie auf jede dieser eine Tomatenspalte. Legen Sie den Deckel auf und geben Sie 11 auf und 11 unter den Dutch Oven. Kochen Sie die Paprika für 35 - 40 Minuten. Nehmen Sie den Deckel von dem Dutch Oven und garen Sie die Paprika weitere 10 Minuten. Servieren Sie das Gericht mit Petersilie garniert.

VEGANES CHILI

5 Port.

2 Std.

Mittel

Zutaten

2 EL natives Olivenöl extra
¼ Zwiebel, gewürfelt
5 Knoblauchzehen
4 Stangen Sellerie, gehackt
450 g Butternut-Kürbis, gewürfelt
425 g geröstete Tomaten
1 Dose rote Kidney-bohnen
1 Paprika
1 TL Thymian
1 TL Dill
1 TL Majoran
Kreuzkümmel-Koriander-Pulver
2 TL Chilipulver
Optional 1 Thai-Chili
150 g ungekochte Nudeln
1,9 L Wasser
2 Lorbeerblätter
115 g Bohnen, gebraten
½ TL Zitronenpfeffer
3 TL Salz
Zitronensaft

Nährwerte p. P.

400 kcal
8 g Fett
56 g Kohlenhydrate
19 g Eiweiß

1 Erhitzen Sie Ihren Dutch Oven mit 22 Briketts. Geben Sie in diesen Öl und Zwiebelwürfel, um diese anschließend 5 Minuten anzubraten. Geben Sie den geriebenen Knoblauch hinzu, anschließend den gehackten Sellerie.

2 Fügen Sie die geschnittene Paprika und den Butternut-Kürbis hinzu. Als Nächstes kommen die Kidneybohnen abgetropft in den Dutch Oven, bevor die Tomaten hinzugegeben werden.

3 Würzen Sie alles mit Thymian, Dill, Majoran, Kreuzkümmel-Koriander-Pulver, Salz und Chilipulver.

4 Geben Sie die ungekochten Nudeln in den Topf und gießen Sie das Wasser hinein. Mischen Sie alles, bevor Sie die Lorbeerblätter hineingeben.

5 Legen Sie den Deckel auf und verteilen Sie die Briketts oben und unten gleichmäßig. Entfernen Sie nach 90 Minuten Kochzeit die Lorbeerblätter. Geben Sie außerdem Bohnen, Pfeffer und Zitronensaft hinzu. Kochen Sie das Gericht abgedeckt für weitere 10 Minuten.

6 Rühren Sie alles noch einmal um und servieren Sie das vegane Chili.

Nachspeisen

ZITRONEN-HEIDELBEER-KUCHEN

12 Port.

1 Std. 15 Min.

Leicht

Zutaten

680 g Blaubeeren, TK
340 g Zitronenquark
Gelbe Kuchenmischung, beinhaltet Butter und Eigelb
1 Dose Zitronenlimonade

Nährwerte p. P.

337 kcal
17 g Fett
26 g Kohlenhydrate
17 g Eiweiß

1 Heizen Sie 32 Kohlestücke für den Dutch Oven vor. Legen Sie diesen mit Backpapier aus.

2 Geben Sie die Blaubeeren auf den Boden des Topfes. Schichten Sie über diese den Zitronenquark.

3 Mischen Sie in einer separaten Schüssel die Kuchenmischung mit der Limonade und geben Sie dies ebenfalls in den Dutch Oven.

4 Erhitzen Sie den Dutch Oven mit 16 Kohlen unter dem Topf und 16 auf dem Deckel. Lassen Sie den Kuchen 60 Minuten backen. Schneiden Sie ihn in 12 Stücke und servieren Sie ihn.

APFEL CRUMBLE

10 Port.

30 Min.

Mittel

Zutaten

Zutaten Apfelfüllung
1½ kg Äpfel, in Scheiben
50 g Kristallzucker
1 EL Zimt

Zutaten Topping
300 g Mehl
100 g Kristallzucker
1 TL Zimt
¼ TL Salz
250 g kalte Butter
100 g Mandeln, gestiftet
n.B. Schlagsahne

Nährwerte p. P.

505 kcal
26 g Fett
58 g Kohlenhydrate
6 g Eiweiß

1 Bereiten Sie 29 Kohlen vor und legen Sie den Dutch Oven mit Backpapier aus.

2 Entkernen Sie die Äpfel und schneiden Sie sie in Scheiben. Geben Sie diese in den Dutch Oven. Bestreuen Sie die Äpfel mit 50 g Zucker und 1 EL Zimt. Rühren Sie, damit sich alles gleichmäßig verteilt.

3 Vermischen Sie in einer Schüssel das Mehl, den Zucker, den Zimt sowie das Salz. Schneiden Sie die Butter in kleine Stücke und geben Sie sie in die Schüssel. Reiben Sie die Butter mit Ihren Fingern in die trockenen Zutaten, bis eine krümelige Masse entsteht. Geben Sie diese auf die Äpfel. Anschließend die Mandelstifte darübergeben.

4 Setzen Sie den Deckel auf den Dutch Oven. Stellen Sie diesen auf einen Ring aus 11 Kohlen und verteilen Sie 18 Kohlen auf dem Deckel. Lassen Sie den Kuchen für 30 -40 Minuten backen, bis der Belag goldbraun ist. Servieren Sie den Crumble noch warm und nach Belieben mit einem Klecks geschlagener Sahne.

RIESEN ZIMTSCHNECKE

8 Port.

45 Min.

Schwer

Zutaten

Zutaten Zimt-Pekannuss-Ring

2 Laibe Brotteig, TK
115 g Butter, geschmolzen
50 g brauner Zucker
50 g Zucker
½ EL Zimt
50 g Pekannüsse, gehackt

Zutaten Glasur

280 g Puderzucker
1 TL Vanilleextrakt
2½ EL Milch

Nährwerte p. P.

335 kcal
15 g Fett
52 g Kohlenhydrate
1 g Eiweiß

1 Schneiden Sie die beiden Laibe in 4 Stücke und formen Sie alle zu einem etwa 45 cm langen Strang. Bestreichen Sie jeden Strang mit zerlassener Butter.

2 Vermischen Sie in einer kleinen Schüssel den Zucker, den braunen Zucker und den Zimt. Legen Sie die Masse auf Alufolie und rollen Sie die Stränge in diese ein. Formen Sie die Stränge zu einer Schnecke in der Mitte des Dutch Oven.

3 Wiederholen Sie diesen Vorgang mit den restlichen Strängen. Streuen Sie anschließend die restliche Zuckermischung und die gehackten Pekannüsse über die Spule. Lassen Sie den Teig 30 - 40 Minuten gehen. Unter den Dutch Oven kommen dann 7 Briketts und auf diesen 14. Lassen Sie den Teig 30 Minuten backen.

4 Verrühren Sie in einer Schüssel den Puderzucker, die Vanille und die Milch zu einer Glasur. Wenn diese zu dick ist, können Sie mehr Milch hinzugeben. Lassen Sie die Zimtschnecke 15 Minuten abkühlen und bestreichen Sie diese mit der Glasur.

PEKANNUSS-PRALINEN

16 Port.

20 Min.

Leicht

Zutaten

400 g brauner Zucker
130 g Schlagsahne
¼ TL Backpulver
300 g Pekannusshälften
2 EL Butter, gewürfelt
1 TL Vanilleextrakt
Meersalzflocken

Nährwerte p. P.

228 kcal
18 g Fett
26 g Kohlenhydrate
2 g Eiweiß

1 Legen Sie ein Backblech mit Backpapier aus.

2 Erhitzen Sie Ihren Dutch Oven mit 20 Kohlen. Bringen Sie in diesem den braunen Zucker, die Schlagsahne und das Backpulver zum Kochen. Rühren Sie gelegentlich um. Kochen Sie dies für weitere 5 - 10 Minuten.

3 Nehmen Sie den Dutch Oven von den Kohlen. Rühren Sie Pekannüsse, die Butter und das Vanilleextrakt unter.

4 Geben Sie die Mischung schnell auf das Backblech. Garnieren Sie die Pralinen mit den Meersalzflocken und lassen Sie sie 10 Minuten stehen, bis sie ausgehärtet ist.

PANCAKES MIT BLAUBEEREN

5 Port. | 50 Min. | Leicht

Zutaten

Zutaten Pancake-Teig
200 g Weizenmehl
1 Packung Backpulver
1 Prise Salz
2 Eier
50 g Puderzucker
50 g weiche Butter
250 ml Milch
10 g Butter zum Einfetten

Zutaten Topping
Blaubeeren zum Garnieren
n.B. 1 Becher Saure Sahne
n.B. 4 EL Ahornsirup

Nährwerte p. P.

545 kcal
33 g Fett
52 g Kohlenhydrate
9 g Eiweiß

1 Verrühren Sie in einer Schüssel die weiche Butter mit dem Mehl, dem Salz, dem Backpulver, den Eiern, der Milch und dem Puderzucker. Es sollte eine homogene Masse entstehen.

2 Bestreichen Sie den Dutch Oven mit 10 g Butter. Erhitzen Sie den Dutch Oven mit 22 Kohlen. Nehmen Sie einen Esslöffel des Teigs und geben Sie diesen in den Dutch Oven. Daraus wird ein Mini-Pancake. Platzieren Sie so viele nebeneinander wie möglich, Sie können auch mehrere Runden machen.

3 Braten Sie die Pancakes von einer Seite 2 Minuten an, wenden Sie diese, wenn Bläschen zu sehen sind, und grillen Sie sie weitere 2 Minuten von der anderen Seite.

4 Wenn Sie ein cremiges Topping möchten: Heben Sie den Ahornsirup unter die Saure Sahne.

5 Stapeln Sie vier Mini-Pancakes. Garnieren Sie diese mit Blaubeeren und nach Belieben mit der Sauren Sahne und anderen Beeren. Servieren Sie die Pancakes warm.

BRIOCHE

6 Port.

2 Std.
25 Min.

Leicht

Zutaten

60 g Zucker
60 g Butter
500 g Mehl
1 Ei
1 Würfel frische Hefe
1 Packung Vanillezucker
200-250 ml lauwarme Milch

Nährwerte p. P.

441 kcal
11 g Fett
72 g Kohlenhydrate
11 g Eiweiß

1 Schmelzen Sie in der Milch die Butter, geben Sie anschließend den Zucker hinein und zerbröseln Sie die Hefe, bevor sie ebenfalls in die Flüssigkeit kommt. Geben Sie nun auch das Ei, das Mehl und den Vanillezucker hinzu. Kneten Sie die Mischung gut.

2 Decken Sie den Teig ab und lassen Sie ihn bei Zimmertemperatur 60 Minuten gehen, damit sich der Teig verdoppelt.

3 Legen Sie den Dutch Oven mit Backpapier aus. Formen Sie den Teig in 13 gleich große Kugeln und legen Sie diese nebeneinander auf das Backpapier. Legen Sie 16 Briketts auf den Deckel und 4 unter den Dutch Oven. Backen Sie den Teig für 45 Minuten, bis die Brioche einen goldbraunen Farbton haben.

4 Servieren Sie die Brioche zum Beispiel mit Marmelade.

Saucen und Dips

SELBSTGEMACHTER KETCHUP

 400 ml
 20 Min.
 Leicht

Zutaten

1 kg frische Tomaten
50 g Zucker
1 große Zwiebel
2 EL Apfelessig
1 TL gemahlene Senfkörner
½ EL Salz und 1 TL Pfeffer

Nährwerte pro 100 ml

126 kcal
2 g Fett
23 g Kohlenhydrate
4 g Eiweiß

1 Befreien Sie die Tomaten von den Stielansätzen und schneiden Sie diese in kleine Stücke. Hacken Sie die Zwiebel möglichst fein. Geben Sie beides sowie den Zucker, den Apfelessig, die Senfkörner, das Salz und den Pfeffer in den Dutch Oven.

2 Zerkleinern Sie die Zutaten mit einem Pürierstab und geben Sie diese durch ein Sieb. Dadurch wird der Ketchup fein. Wenn man es grob mag, kann man es bei der pürierten Konsistenz belassen.

3 Erhitzen Sie den Dutch Oven mit 10 Briketts und lassen Sie den Ketchup ohne Deckel kochen, bis dieser eine dickflüssigere Konsistenz hat. Rühren Sie immer wieder um.

4 Füllen Sie den Ketchup in heiß abgespülte Flaschen um.

CHERRY-CHIPOTLE-SOßE

1 l

20 Min.

Leicht

Zutaten

1 Dose Chipotle
250 ml Ketchup
1 Glas Sauerkirschen (350 g Abtropfgewicht) und 150 ml Saft aus diesem
4 EL Kirschmarmelade
1 TL Melasse
1 TL Salz und 1 TL Pfeffer
50 g Zartbitterschokolade
Saft ½ Zitrone
30 g Butter
1 Knoblauchzehe
1 Zwiebel

Nährwerte pro 100 ml

129 kcal
5 g Fett
21 g Kohlenhydrate
2 g Eiweiß

1 Stückeln Sie die Zwiebel und die Knoblauchzehe fein. Erhitzen Sie den Dutch Oven mit 20 Briketts.

2 Schwitzen Sie Zwiebel und Knoblauch in der Butter an. Nach drei Minuten geben Sie die restlichen Zutaten dazu. Seien Sie hierbei vorsichtig bei den Chipotles, da die Menge von Ihrem Wunsch an Schärfe abhängt.

3 Pürieren Sie die Masse zu einer dickeren Konsistenz. Probieren Sie, ob die Soße Ihrem Geschmack entspricht. Servieren Sie die Soße am besten warm.

HONIG-SENF-SOßE

500 ml

20 Min.

Leicht

Zutaten

200 ml Honig
200 ml milder Senf
80 ml Apfelessig
1 EL Worcestershire-Sauce
3 EL brauner Zucker
1 EL Ketchup

Nährwerte pro 100 ml

195 kcal
2 g Fett
43 g Kohlenhydrate
2 g Eiweiß

1 Geben Sie alle oben angegebenen Zutaten in Ihren Dutch Oven. Erhitzen Sie diesen mit 20 Briketts, um die Zutaten zum Kochen zu bringen.

2 Rühren Sie immer wieder um, damit sich die Zutaten gleichmäßig verteilen und die Soße nicht anbrennt.

3 Füllen Sie die Soße in heiß gewaschene Gläser ab, wenn sie die gewünschte Konsistenz erreicht hat.

SAUCE BOLOGNESE

3,4 kg

3 Std.
50 Min.

Mittel

Zutaten

1,5 kg Hackfleisch, gemischt
3 Zwiebeln
6 Karotten
3 Knoblauchzehen
6 Stangen Sellerie
350 g Pancetta
3 EL Tomatenmark
Zucker
3 Lorbeerblätter
5 Thymianzweige
2 TL Paprikapulver, edelsüß
3 Dosen Tomatenstücke
600 ml Rinderbrühe
450 ml Tomatenpassata
300 ml Rotwein
Milch
Olivenöl und Bratöl
Salz und Pfeffer

Nährwerte pro 100 ml

145 kcal
10 g Fett
3 g Kohlenhydrate
10 g Eiweiß

1 Ziehen Sie den Knoblauch und die Zwiebel ab und würfeln Sie diese fein. Putzen Sie die Möhren und die Selleriestangen, würfeln Sie diese ebenfalls fein. Schneiden Sie den Pancetta in kleine Stücke.

2 Erhitzen Sie 18 Kohlen und stellen Sie den Dutch Oven auf diese. Braten Sie im Olivenöl das Gemüse 15-20 Minuten an. Nehmen Sie es heraus und stellen Sie es beiseite.

3 Geben Sie das Bratöl in den Dutch Oven und braten Sie den Pancetta, bevor Sie das Hackfleisch hinzufügen. Braten Sie alles 15 Minuten an, bis das Hackfleisch braun ist. Zerdrücken Sie es hierbei immer wieder. Würzen Sie den Inhalt des Topfes mit einer Prise Zucker, rühren Sie das Tomatenmark unter und lassen Sie alles 3 weitere Minuten kochen.

4 Geben Sie das gebratene Gemüse, die Lorbeerblätter sowie die Thymianzweige hinzu. Würzen Sie alles mit Pfeffer und Paprikapulver.

5 Fügen Sie die Tomatenstücke sowie den Wein hinzu und lassen Sie alles unter Rühren schmoren, bis die Flüssigkeit verdampft ist. Geben Sie die Brühe hinzu und decken Sie den Topf ab.

6 Unter den Dutch Oven kommen 6 Briketts und 12 auf diesen. Lassen Sie die Sauce 2,5 -3 Stunden schmoren und rühren Sie gelegentlich um. Wenn die Sauce zu dick ist, können Sie Tomatenpassata hinzugeben.

7 Nehmen Sie die Lorbeerblätter und die Thymianzweige heraus. Verrühren Sie die Bolognese gut und geben Sie einen Schuss Milch dazu. Schmecken Sie diese mit Salz, Pfeffer und Zucker ab.

SELBSTGEMACHTE BBQ-SAUCE

600 ml

1 Std.
10 Min.

Leicht

Zutaten

3 Knoblauchzehen
4 Schalotten
1 EL Olivenöl
70 ml Whiskey
70 ml Cola
4 EL Zucker
50 ml Cranberry-Sirup
4 Tomaten
3 TL Paprikapulver, edelsüß
2 TL schwarzer Pfeffer
2 EL Salz
250 ml Wasser
50 ml Weißweinessig
50 ml Balsamico
4 EL Tomatenmark
30 ml Kaffee
1 TL Kreuzkümmel, angeröstet
½ TL Nelken, angeröstet
1 TL Schwarzkümmel, angeröstet

Nährwerte pro 100 ml

190 kcal
3 g Fett
30 g Kohlenhydrate
1 g Eiweiß

1 Schneiden Sie die Schalotten und die Knoblauchzehen klein. Stellen Sie den Dutch Oven auf 18 Briketts und braten Sie Schalotten und Knoblauch glasig im Olivenöl. Geben Sie die klein geschnittenen Tomaten hinzu und kochen Sie diese weich. Fügen Sie die restlichen Zutaten hinzu.

2 Lassen Sie die Sauce 60 Minuten köcheln, bevor Sie alles pürieren.

3 Füllen Sie die Sauce in heiß gewaschene Gläser ab.

KÄSIGER SPINAT-ARTISCHOCKEN-DIP

8 Port.

55 Min.

Mittel

Zutaten

280 g Spinat, TK und abgetropft
400 g Artischockenherzen, abgetropft und gehackt
3 Knoblauchzehen, gehackt
460 g Frischkäse
115 g Mayonnaise
230 g Parmesan

Nährwerte p. P.

280 kcal
16 g Fett
25 g Kohlenhydrate
9 g Eiweiß

1 Tauen Sie den Spinat vollständig auf und versuchen Sie, möglichst viel überschüssige Flüssigkeit zu entfernen.

2 Vermischen Sie in einer Schüssel Spinat, Artischocken, Knoblauch, Mayonnaise, Frischkäse und Parmesan.

3 Geben Sie unter den Dutch Oven 7 Briketts und auf den Deckel 16.

4 Verteilen Sie die Zutaten gleichmäßig im Boden des Dutch Oven und lassen Sie alles 30 Minuten backen.

5 Servieren Sie den Dip zum Beispiel mit Tortilla Chips.

WEIßER QUESO-DIP

8 Port.

20 Min.

Leicht

Zutaten

900 g „Queso Blanco"-Schmelzkäse
240 ml Milch
2 EL Butter
85 g gewürfelte grüne Chilis, nicht entwässert
4 EL eingelegte Jalapeños, gewürfelt
1-2 TL Taco-Gewürz
½ TL Korianderpulver

Nährwerte p. P.

405 kcal
36 g Fett
2 g Kohlenhydrate
16 g Eiweiß

1 Erhitzen Sie den Dutch Oven mit 20 Briketts. Schneiden Sie den Käse in Würfel und geben Sie ihn in den Dutch Oven. Geben Sie die Milch hinzu und anschließend die restlichen Zutaten.

2 Stellen Sie den Dutch Oven auf die Kohlen und rühren Sie, bis der Käse geschmolzen ist. Lassen Sie den Dip 5-10 Minuten köcheln und rühren Sie gelegentlich um.

3 Servieren Sie ihn zum Beispiel mit Tortilla-Chips.

CREMIGE PARMESAN-KRÄUTER-SAUCE

6 Port.

50 Min.

Leicht

Zutaten

Butter
1 EL gehackter Knoblauch
600 g geschnittene Champignons
1 TL getrocknetes Basilikum
1 TL getrockneter Oregano
2 TL frische Petersilie, gehackt
360 ml Kondensmilch
1 TL Hühnerbrühe- Pulver
1 EL Maisstärke, gemischt mit 2 EL Milch
120 g Parmesankäse, gerieben
Salz und Pfeffer

Nährwerte p. P.

194 kcal
11 g Fett
9 g Kohlenhydrate
13 g Eiweiß

1 Erhitzen Sie den Dutch Oven auf 22 Briketts. Braten Sie den Knoblauch in etwas Butter an, bis dieser duftet. Geben Sie Champignons, Kräuter und die Petersilie hinzu. Braten Sie alles, bis die Champignons weich werden. Fügen Sie Kondensmilch hinzu und bringen Sie es leicht zum Köcheln. Rühren Sie regelmäßig um.

2 Geben Sie das Hühnerbrühe-Pulver hinzu und würzen Sie die Sauce mit Salz und Pfeffer.

3 Geben Sie die Maisstärke-Milch-Mischung hinein. Rühren Sie um, bis die Sauce andickt. Fügen Sie den Parmesankäse hinzu und lassen Sie das Ganze weiter kochen, bis der Käse schmilzt.

4 Hierzu passen Hähnchen und Reis.

S'MORES DIP

4 Port.

20 Min.

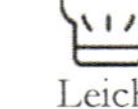
Leicht

Zutaten

100 g Vollmilchschokolade
300 g Marshmallows
50 g Karamell-Schokolade
2 EL Butter
100 g Butterkekse

Nährwerte p. P.

614 kcal
22 g Fett
82 g Kohlenhydrate
5 g Eiweiß

1 Erhitzen Sie den Dutch Oven mit 20 Briketts. Schmelzen Sie in diesem die Butter zusammen mit der Schokolade.

2 Stellen Sie die Marshmallows senkrecht auf, bis der Dutch Oven gefüllt ist.

3 Backen Sie den Dip nun 5-10 Minuten, bis die Marshmallows karamellisieren und eine goldbraune Kruste bekommen.

4 Servieren Sie den Dip zum Beispiel mit Butterkeksen.